ESTRESSE

CONTROLE DA TENSÃO DIÁRIA
PARA UMA VIDA DE PAZ E HARMONIA.

CIP-BRASIL. CATALOGAÇÃO NA PUBLICAÇÃO
SINDICATO NACIONAL DOS EDITORES DE LIVROS, RJ

M29e

Marinho, Bertani, 1943-
Estresse : controle da tensão diária para uma vida de paz e harmonia / Bertani Marinho. - 1. ed. - São Paulo : Letras do Pensamento, 2022.
240 p. ; 21 cm.

Inclui bibliografia
ISBN 9788562131721

1. Administração do stress. 2. Stress (Psicologia). I. Título.

19-60944 CDD: 155.9042
CDU: 159.944.4

Leandra Felix da Cruz - Bibliotecária - CRB-7/6135

29/10/2019 04/11/2019

Bertani Marinho

ESTRESSE

Controle da tensão diária
para uma vida de paz e harmonia.

1ª Edição | 2022 | São Paulo-SP

Letras do Pensamento

Capa, Projeto Gráfico e Diagramação

Rita Motta – www.editoratribo.blogspot.com

Imagem da capa

Retrato do Dr. Gachet, 1890 (Óleo sobre tela); Van Gogh.

Editor

Cláudio P. Freire

1ª Edição – 2022 – São Paulo-SP

Letrasdo Pensamento

LETRAS DO PENSAMENTO
Rua Eduardo Prado, 28, Vila Bocaina.
CEP: 09310-500 – Mauá/SP.
Telefone: (11) 3107-6501 | (11) 9-9352-5354
Site: www.letrasdopensamento.com.br
E-mail: vendas@letrasdopensamento.com.br

Impressão no Brasil

Para minhas queridas netas, Helena Canone Caldas Correia e Milene Meira Marinho, com o desejo de paz, harmonia e plenitude de vida.

WORKSHOPS

Bertani Marinho apresenta workshops fechados em empresas, instituições culturais e associações de classe, tendo por finalidade o aprimoramento pessoal e profissional dos participantes para o estabelecimento de uma vida em plenitude. Entre eles, o workshop:

Controle do Estresse e Serenidade

- **Objetivo:** Favorecer a harmonia interior e o alcance da serenidade, por meio do controle do estresse, possibilitando, ao mesmo tempo, a elevação da qualidade de vida pessoal e profissional.
- **Duração:** 04 horas.
- **Participantes:** Toda pessoa interessada no seu equilíbrio emocional e na obtenção de serenidade diante das situações do cotidiano, para uma vida em plenitude.

Contatos:

(11) 2219-2221

(11) 99649-6620 (WhatsApp)

Recados: (11) 99382-9632 (WhatsApp)

E-mail: bertani.marinho@yahoo.com.br

AGRADECIMENTOS

Ao editor Cláudio P. Freire, que acreditou no valor humano desta obra.

A todos os meus alunos dos cursos e *workshops* de Relaxamento Psicossomático, que me deram a oportunidade de difundir um meio seguro de controle da tensão diária, para uma vida de paz e harmonia.

PREFÁCIO

Bertani Marinho é filósofo e também psicólogo atuante, desde o início dos anos 80, tendo dedicado o seu trabalho ao desenvolvimento humano e à conquista da serenidade, por meio do relaxamento psicofísico, aliado a outras práticas de cunho psicológico e espiritual.

Nesta obra, cuja finalidade é expor e explicar os sintomas, as causas, assim como a prevenção e o controle do estresse, Marinho, de forma didática, nos apresenta a maneira adequada de conquistarmos a calma do corpo e a tranquilidade da alma.

Mesclando dados técnicos necessários com claras exposições aos leitores leigos, o autor apresenta igualmente casos reais, arquivados da sua larga experiência no magistério superior e nas palestras, cursos e *workshops* que conduz desde há vários anos.

"ESTRESSE" é uma obra que conjuga teoria e prática, frutos do trabalho contínuo de um profissional voltado ao progresso intelectual, moral e espiritual do ser humano. Também se destaca ao nos mostrar a relevância das relações interpessoais positivas, que agem diretamente sobre a nossa qualidade de vida. O autor procura constantemente ressaltar a importância do amor à vida, de conservar a paz interior e de se alcançar um sentido para a vida.

Encontram-se neste volume proveitosos exercícios e técnicas de respiração, relaxamento e meditação, tão necessários à nossa vida, nos ajudando a manter a harmonia interior.

Na agitação do dia a dia, esquecemos a necessidade da prática desses exercícios, tão salutares à nossa saúde física, mental e espiritual.

A leitura atenta desta obra confirma as minhas considerações e acrescenta outros dados, sempre dirigidos à melhoria da qualidade de vida de todos nós, no peregrinar desta existência, visando à serenidade e à plenitude da vida.

Convido os leitores a ingressar no mundo de paz e harmonia, que o autor pretende seja assimilado por todos.

Boa leitura!

Vera Lúcia Andrade

Todo mundo o tem, todo mundo fala dele.
Todavia, poucas pessoas tiveram o cuidado
de averiguar o que é realmente o estresse.
Hans Selye

Você vê o mundo como você é
e não como ele é realmente.
Augusto Goldoni

Todas as mudanças positivas que buscamos
para nossa vida começam dentro de nós.
Kareemi

Deixo-vos a paz, a minha paz vos dou.
Eu não vos dou como o mundo a dá.
Não se perturbe o vosso coração nem se atemorize.
Jesus (Jo, 14:27)

SUMÁRIO

1

O PODER TRANSFORMADOR DA MENTE

Para discorrermos sobre o estresse, a serenidade e a plenitude da vida, tratemos antes de um tema correlato, de valor insofismável: o poder transformador da mente. Temos a nosso dispor riquezas incalculáveis. Entretanto, nem sempre sabemos disso ou, se sabemos, não utilizamos esse conhecimento adequadamente. Há um imenso número de pessoas que desconhece o seu próprio poder, para se colocar serenamente diante da vida e realizar o seu potencial.

É preciso, inicialmente, que nos certifiquemos de que não somos apenas o corpo físico que apresentamos diante do mundo. Essa é a nossa dimensão material, mas não podemos fixar-nos isoladamente nela. Na verdade, não somos esse corpo, que não passa de vestimenta e instrumento do espírito. O que somos realmente é espírito em aperfeiçoamento progressivo. E esse espírito, que somos nós, atua sobre a realidade por intermédio da mente, que reúne um conjunto de processos, como inteligência, pensamento, emoção, vontade, imaginação etc. Essa é a dimensão espiritual da nossa vida.

Agimos sobre o universo interior ou exterior, por meio do poder mental que possuímos. Vivemos o dia a dia, projetando no mundo que nos cerca as forças que abrigamos em nosso próprio interior.

O que há em nosso derredor, existiu em primeiro lugar na mente de alguém. Lembro-me de uma pessoa que me disse certa vez, quando passávamos diante de um grande condomínio: "Isto aqui era um imenso terreno baldio. Porém, em pouco tempo, foi levantado este prédio colossal. Certamente, foi preciso muito e muito dinheiro para levar adiante tamanho empreendimento". Ponderei: "Seguramente foi necessário muito dinheiro, mas, antes disso, algum empreendedor do ramo da construção civil passou por aqui e pensou na utilidade que poderia ter este terreno abandonado. Depois, ainda pensando, fez os cálculos iniciais para a construção do condomínio. Somente após julgar que poderia ganhar dinheiro compensador, iniciou os preparativos para compra do terreno, planejamento do prédio e, finalmente, a sua construção e venda das unidades. Esse belo empreendimento teve início na mente daquele investidor".

Suely Schubert (2003) afirma num dos seus livros que tudo o que existe, aquilo que vemos, percebemos, sentimos e até mesmo o que não vemos nem percebemos, teve início no pensamento, isto é, existiu primeiro no pensamento. Pensar é criar.

Tudo é criado a partir da mente. E a mente atua de modo transformador e criativo por meio do pensamento, da ideia, da palavra. As coisas e os fatos à nossa volta exteriorizam-se através do pensamento. O pensamento, expresso por palavras, é que, pelo seu poder criativo, realiza interna e externamente o seu próprio conteúdo.

Assegura Ralph Waldo Emerson, pensador norte-americano, que o homem é aquilo que pensa ser durante a maior parte do tempo. E Joseph Murphy aceita essa afirmação, completando-a com o seguinte raciocínio: "Você pode, agora mesmo, decidir criar e modelar um futuro maravilhoso, pois seu destino é controlado por seu pensamento e sentimento" (MURPHY, 2002, p. 162).

O pesquisador espiritualista Martins Peralva também concorda que há uma correlação perfeita entre o mental e o físico, dizendo que a cada ação psíquica corresponde um efeito físico e vice-versa. Falando a respeito dessa correlação mente-corpo, ele assim se expressa: "O medo nos estarrece. A amargura acelera o ritmo do coração. A alegria ou a tristeza nos fazem chorar. Desequilíbrios orgânicos deprimem-nos o espírito. A vergonha ou a surpresa nos tornam pálidos" (PERALVA, 1988, p. 107). O pensar, portanto, não é neutro, mas conduz sempre a uma reação física ou emocional.

Mantendo a reflexão central deste capítulo, no sentido de que o bem e o mal, assim como o belo e o feio e todas as criações humanas têm origem na mente, é interessante notar que o romancista inglês John Milton, na sua obra-prima "Paraíso Perdido", pensando já no poder criador da mente, escreveu: "A mente é um lugar próprio, e dentro de si mesma pode transformar em céu um inferno, em inferno um céu".

Se levarmos a discussão sobre o poder criador da mente para um plano mais elevado, podemos afirmar que a eterna criação e renovação de tudo o que existe faz parte da projeção incessante do pensamento de Deus (Criador), debruçado sobre o universo.

"Pensar é uma grande aventura", considera Augusto Cury (2014, p. 37). É verdade. E também verdade é que pensar exige responsabilidade, pois, por meio dos nossos pensamentos, criamos a realidade exterior e interior. Isto significa que, através de nossos pensamentos, emoções, palavras, imaginação, construímos o nosso edifício íntimo: a alegria ou a tristeza, o prazer ou o desprazer, a serenidade ou o estresse. É claro que há fatores externos que independem da nossa vontade, no entanto, podemos escolher como agir diante deles e como nos sentir interiormente a partir daí.

Se queremos saúde, paz e serenidade é nelas que devemos pôr o nosso foco e não na doença, na discórdia e na ansiedade ou angústia. Temos de concentrar o nosso pensamento naquilo que queremos e não naquilo que não desejamos. O nosso foco deve estar naquilo que aspiramos. Paulo Vieira afirma que foco é "a capacidade humana de concentrar as energias em um único ponto, com força suficiente para produzir mudança e realizações rápidas" (VIEIRA, 2015, p. 104). Se buscamos serenidade, concentremos, pois, nossas energias no ponto focal que desejamos.

Certa vez, conversando no interior de um táxi com o motorista, ele me disse amargurado: "Sofro de terríveis dores de cabeça à noite, o que não me deixa dormir bem.

Já consultei vários médicos e tomei inúmeros remédios, contudo, nenhum faz pleno efeito calmante. Ao entrar no dormitório, penso angustiado: 'Quando eu colocar a cabeça no travesseiro, a dor já vai começar'. E é isso mesmo o que acontece". Deu para entender? Ele estava criando em sua mente a dor de cabeça, que acabava acontecendo. O seu foco estava na enxaqueca e não no sono tranquilo. É claro que poderia haver outros fatores, mas com seus pensamentos habituais, ele colaborava para o surgimento da dor de cabeça, que o atormentava.

De outra feita, uma vizinha se queixava da falta de respeito e desobediência do filho. "O que posso esperar desse menino?" – disse ela. E completou: "Nada, eu não espero nada. Ou melhor, cada vez que o vejo, espero que ele me desrespeite e me desobedeça. É só isso que consigo pensar sobre ele". Novamente, a pessoa colocava o seu foco naquilo que não desejava. E mais: como ela esperava desobediência e desrespeito, certamente ao se encontrar com ele na volta da escola, já "enchia as mãos de pedras" para atingi-lo. A resposta dele era exatamente o que a mãe estava esperando. Nesse caso, quem tinha de mudar de pensamento, de emoção e de atitude era ela primeiramente. Modificando a sua maneira de pensar a respeito do filho e agindo em relação a ele com brandura, tolerância, compreensão e, acima de tudo, amor, a possibilidade de mudar o relacionamento entre ambos era imensa. No entanto, o pensamento daquela mãe estava preso à sua convicção de que o garoto era desrespeitoso e desobediente, não cabendo nenhum outro modo de pensar. Com isso, ela atraía para si aquilo que ela mesma estava alimentando internamente. Talvez lhe coubessem as palavras de Ralph Trine (s.d., p. 27): "Quem está afeito à melancolia atrai para si coisas melancólicas; a quem anda sempre desanimado e abatido, tudo lhe sai mal, e só vive para ser carga dos demais; porém, quem vive animado, confiante e alegre, atrai para si as condições de êxito". Daí a importância de saber escolher o foco acertado nas diversas circunstâncias do cotidiano.

Suely Schubert (2010, p. 66) ainda acrescenta: "O poder do pensamento é de tal ordem que sua velocidade supera a da luz. Recordemos que a velocidade da luz é de trezentos mil quilômetros por segundo! E o pensamento é mais veloz que a luz! Por isso é que se diz: Quando você pensa em alguém, já está lá; você se transporta em pensamento e quanto mais firme e constante ele for, pode chegar a ser captado pela outra pessoa. Isso não tem nada de incrível, é apenas um processo natural, que faz parte das leis que regem o Universo".

Em sintonia com o que estamos apresentando, a jornalista Kareemi considera que "a vida depende de como você a vê, e como você a vê pode ser transformado a partir do momento em que você decide viver conscientemente o presente, livre de julgamentos ao que ela lhe dá, percebendo seus sábios e constantes movimentos" (2018, p.15). E acrescenta: "Todas as mudanças positivas que buscamos para nossa vida começam dentro de nós".

Assim, a conservação de um estado de espírito sereno, alheio ao estresse, depende, em grande escala da ação da mente. Como diz Lourenço Prado: "Quando vossa mente viver, pensar e agir num estado em que nada do exterior possa perturbá-la, conseguireis o fundamento íntimo de vosso verdadeiro equilíbrio e exercereis um domínio perfeito sobre todas as forças de vosso organismo. Então, nada mais poderá produzir agitação em vosso corpo nem ansiedade em vossa mente, e podereis passar por todas as espécies de experiências, sem vos afastardes um só momento do positivo e profundo estado de serenidade de alma, em que podereis dizer: *Nada dessas coisas me move*" (PRADO, s.d., p. 17).

Os psicólogos Arnold Lazarus e Clifford Lazarus parecem estar em sintonia com esse pensamento, quando consideram: "Se você acha que tem exercitado demais os 'músculos cerebrais' de forma negativa, trate de mudar o seu comportamento:

- Para maior equilíbrio mental, fortaleça as áreas mentais positivas.
- Para cada visualização ou ideia negativa que surgir, procure pensar de forma positiva ou neutra [...]

Com o tempo, essa prática o ajudará a equilibrar as energias mentais e você desfrutará dos benefícios disso" (LAZARUS; LAZARUS, 2008, p. 18).

O nosso foco neste livro segue nessa diretriz: é a paz de espírito, as emoções e sentimentos que suscitam a serenidade para uma vida em plenitude. Daí a importância de alimentarmos tais emoções, sentimentos e pensamentos. Precisamos, todavia, saber o que é o estresse, suas causas, sintomas e, principalmente, como preveni-lo e administrá-lo. É o que faremos nos capítulos seguintes.

O QUE É O ESTRESSE

2

Estamos escrevendo sobre o estresse, mas o que significa essa palavra, tão usada ultimamente no linguajar cotidiano?

Hans Selye, um pioneiro no estudo desse foco de interesse, considera o estresse na sua dimensão biológica. Trata-se de um estado de tensão que provoca uma suspensão no equilíbrio interno do organismo. Nas palavras do próprio Selye: "Estresse é a resposta inespecífica do corpo diante de qualquer exigência que lhe seja formulada" (SELYE, 1975, p. 25).

Explica Selye que a resposta é inespecífica porque, qualquer que seja o tipo de alteração produzida, há algo em comum entre os estímulos estressores: eles aumentam a exigência de um reajuste, sendo tal exigência inespecífica por requerer sempre a adaptação física e mental a um problema, para restabelecer a normalidade anterior.

Podemos também dizer que estresse é o modo físico e emocional como o corpo e a mente reagem à pressão do dia a dia. Há igualmente quem o defina como "a resposta fisiológica, psicológica e comportamental de um indivíduo, que procura adaptar-se às pressões internas e externas". Essa resposta ou reação pode ser tanto agradável como desagradável.

Há dois exemplos que esclarecem sobre o conceito de estresse:

a) Beatriz era analista na área técnica de grande empresa. Seu desejo era mostrar que possuía capacidade além das responsabilidades que tinha naquele momento. Enfim, chegou a oportunidade. Foi chamada pelo gerente, que lhe solicitou a realização de um projeto de âmbito nacional. Era sua grande chance. Seu entusiasmo foi enorme, sua motivação tão grande, que, em apenas uma semana, o projeto estava pronto, sendo logo aprovado pelo gerente. A satisfação de Beatriz foi extrema.

b) João Afonso era advogado cível. Gostava muito das atividades dessa especialidade do Direito e tinha capacidade para levá-las a efeito com eficácia. Todavia, com a chegada de novo colega, o ambiente começou a ficar tenso. Carlos Eduardo, o novo advogado, era uma pessoa de personalidade que dificultava o diálogo; era prepotente, arrogante e desleal. As discussões ásperas começaram a ser permanentes, os desentendimentos diários, de tal modo que o estado emocional de João Afonso se tornou extremamente negativo e destrutivo. Certo dia, em meio a uma irada discussão, ele sofreu um infarto agudo, sendo internado e quase vindo a falecer. O seu desgosto havia chegado ao extremo.

Temos nos exemplos anteriores duas situações estressantes, embora sejam tão diferentes. Isto porque há dois tipos básicos de estresse. Vejamos:

a) Eustresse (*Eustress*) – é o chamado estresse positivo, que ajuda a manter-nos centrados no objetivo que pretendemos atingir, que nos mantém alertas. No eustresse, há a sensação de bem-estar e satisfação das necessidades. Ele incentiva, motiva o indivíduo a realizar algo. Por meio dele, sentimos prazer ao executar uma tarefa, ao desenvolver um trabalho. É importante dizer que a ausência total de estresse levaria ao tédio e à própria morte. No entender de Hans Selye, a liberação completa do estresse significa mesmo a morte. Quando bem dosado, o estresse nos impele a pequenas e grandes realizações. É o que se denomina muitas vezes de "bom estresse". Mário Cortella (2016, p. 61), ao tratar da motivação, assevera que "uma pessoa motivada faz algo decisivo; ela procura excelência. A expressão latina *excellens* significa *aquilo que ultrapassa, aquilo que vai além*". O eustresse leva a tamanha realização.

b) Distresse (*Distress*) – é o estresse excessivo, ou seja, que é maior que o necessário, de modo que chega a ocasionar problemas, sofrimento. A tensão aumenta, não há mais nenhum prazer em desafios e a vida começa a parecer difícil demais, angustiosa. É o chamado mau estresse ou estresse negativo. O distresse é destrutivo, desmotivador e reduz a capacidade de ação e reação aos acontecimentos e às pessoas. No distresse, há um rompimento do equilíbrio interior, motivado por excesso ou por insuficiência. Se no distresse há bem-estar e prazer, no distresse o que ocorre é somente o mal-estar e o desprazer.

No primeiro exemplo, a analista sentiu o impacto benéfico do eustresse. O desafio de criar um excelente projeto de âmbito nacional deu-lhe a energia e a motivação necessárias para executá-lo com toda competência. O estresse positivo expressa o incentivo, a motivação para a busca das metas e objetivos definidos anteriormente. Já no segundo caso, temos um exemplo de distresse. A resposta do advogado à tensão devida ao relacionamento estremecido com o colega lhe fez muito mal. As emoções exacerbadas levaram-no à beira da morte, com a ocorrência do infarto. O estresse negativo representa a tensão e ansiedade do ser humano diante das pressões sofridas no cotidiano, que levam ao desequilíbrio e à exaustão.

Daqui para frente, ao usarmos o vocábulo "estresse", estaremos, na maior parte, nos referindo ao distresse, portanto, ao mau estresse.

Dizíamos que precisamos de estresse para sobreviver. Sabemos agora que há o mau e o bom estresse. A este respeito, Selye afirma que, seja o que for que façamos ou o que nos suceda, há sempre uma exigência de energia necessária para manter a vida, para resistir à agressão e para adaptar-se às influências exteriores, constantemente alteráveis. Mesmo quando estamos relaxados, dormindo, continuamos submetidos ao estresse. Nosso coração continua bombeando sangue, nossos intestinos continuam processando a digestão e nossos músculos têm de mover o tórax para a respiração.

Ainda quando estamos sonhando, o cérebro não está em repouso. Convivemos, pois, com o estresse. Precisamos do estresse. Mas do bom e não do mau.

Saúl Polisky (2013, p. 15), especialista em estresse, chega a dizer: "Graças a Deus que existe o estresse, nosso amigo; por isso, devemos trabalhar *com* ele e não *contra* ele". E explica que o estresse nos avisa que algo não vai bem em nosso interior e que apenas ao sabermos o que é e decidirmos mudá-lo, ele desaparecerá. O estresse, para ele, é uma reação a duas percepções:

a) a percepção de que há uma ameaça, uma pressão, uma exigência à integridade física ou mental do indivíduo;

b) a percepção de que o indivíduo não é capaz de enfrentá-la ou a controlar.

Por conseguinte, o estresse é a reação ao que é percebido pela pessoa a respeito do que acontece no exterior, assim como o modo pelo qual ela percebe a si mesma. O filósofo grego, que viveu grande parte de sua vida em Roma, como escravo, Epicteto (50-135 d.C.), afirmava algo semelhante, ao dizer: "*Não são os acontecimentos que nos ferem, mas a visão que temos deles*". As coisas em si não nos ferem ou não nos criam obstáculos. Nem as outras pessoas. A questão está na forma como nos situamos diante delas. São nossas atitudes e reações que criam problemas" (2006, p. 19).

Para Polisky, o estresse não é uma doença em si mesma, mas o sintoma de uma doença muito mais significativa: a ausência de harmonia interior. Quando o indivíduo se sente estressado, um aviso lhe está sendo endereçado: algo anda mal dentro dele.

Podemos falar também em outros tipos específicos de estresse negativo:

a) Estresse agudo – Trata-se de um conjunto de alterações emocionais, cognitivas e físicas, que se manifestam depois de um evento de caráter estressante, extremo e ameaçador. Ocorre quando os sintomas têm origem em um acontecimento extremamente traumático. Em geral, é consequência da pressão sofrida por alguém no dia a dia. A sua duração é breve, mantendo-se de três dias a um mês.

Exemplo: A demissão inesperada de um trabalhador, que consegue novo emprego duas semanas depois.

b) Estresse agudo episódico – É o tipo que se manifesta nas pessoas que passam por situações constantes de estresse agudo, que vivem sob pressão, tornando-se apressadas e com a vida pessoal desorganizada. Também assumem simultaneamente múltiplas tarefas. Passam o tempo a correr de lá para cá e acabam chegando atrasadas aos compromissos. Estão em permanente preocupação e costumam enxergar desastres e catástrofes nas mínimas coisas. Como afirma o dito popular: "Afundam em copo d'água". No estresse agudo episódico, os estímulos que causam as reações agudas ao estresse se repetem com frequência.

Exemplo: A pessoa que trabalha em período integral, é voluntária numa ONG, vende produtos de beleza, pratica ginástica etc., etc., etc..., buscando executar todas essas atividades num mesmo dia.

c) Estresse crônico – É um tipo de estresse permanente, duradouro. Esgota, desalenta, abate a pessoa dia a dia, mês a mês, ano a ano. É altamente avassalador, demolindo a mente e o corpo. Nasce de uma sujeição diária, massiva a uma situação estressante. Danifica lenta e incessantemente o interior do indivíduo, que vai se abatendo pouco a pouco. Neste caso, as reações do corpo ao estresse e os sintomas permanecem, afetando diversas áreas da vida e se tornando um fator de risco para a depressão.

Exemplo: Convivência conjugal diária, em que um dos cônjuges domina, reprime, despreza, desqualifica o outro, num relacionamento opressivo e desprazeroso.

d) Estresse pós-traumático – Este tipo deriva de uma ocorrência em que a pessoa foi vítima ou testemunha de atos violentos ou de situações impactantes, a ponto de representar ameaça à dimensão física, psíquica, social ou espiritual da pessoa ou de terceiros.

   Ao se recordar do evento, o indivíduo revive essa ocorrência como se estivesse acontecendo naquele exato minuto. A sensação aflitiva e o sofrimento penoso, lancinante voltam com a mesma intensidade do momento em que, de fato, ocorreram.

   O estresse pós-traumático pode levar a um medo excessivo em relação a situações que possam, de algum modo, lembrar o trauma ocorrido anteriormente, embora não haja nenhum perigo aparente na situação.

Exemplo: Uma pessoa que sofreu um apavorante sequestro relâmpago pode ter estremecimentos e sentir forte angústia e náusea, toda vez que vê na televisão a notícia de alguém que foi sequestrado.

Seja qual for o tipo, o estresse carrega consigo sintomas físicos, emocionais e comportamentais, que esclareceremos no próximo capítulo.

SINTOMAS 3

Ao se abordar o estresse genericamente, costuma-se assinalar que o enfraquecimento do sistema imunológico do organismo desencadeia problemas, expressos como sintomas. Tais sintomas podem ser classificados como físicos e mentais/emocionais. Conheçamos alguns deles:

SINTOMAS FÍSICOS

- Tensão muscular – Os músculos ficam retesados, enrijecidos, causando desconforto e podendo ocasionar dor no tórax e nas costas, por exemplo. Quando há contração no pescoço, essa parte é que fica dolorida.
- Mudança de apetite – Neste caso, o indivíduo tem o seu apetite aumentado, com fome excessiva e insuportável, podendo ocorrer a bulimia e, com ela, o aumento de peso; também pode acontecer o inverso: ele passa a apresentar inapetência, isto é, falta de apetite, podendo emagrecer excessivamente, manifestando um quadro de anorexia (perda geral do apetite, com a consequente limitação de ingestão de alimentos), resultando em magreza extrema.

- Cansaço demasiado – A fadiga toma conta da pessoa, que fica sem ânimo para realizar atividades, que antes eram executadas com regularidade.
- Alergias de pele – A alergia envolve algumas reações inflamatórias ou irritativas, que podem se manifestar em diferentes regiões da pele. Neste caso, trata-se de uma resposta imunológica ou reação do corpo diante do estado de estresse.
- Formigamento – Também podem manifestar-se prurido, formigamento, coceira em várias partes do corpo.
- Dor de cabeça – A cefaleia é outro sintoma que pode ocorrer como manifestação do estresse.
- Adoecimento e gripes frequentes – Os incidentes constantes de gripe ou acometimento de doenças podem ser igualmente decorrentes do estresse.
- Problemas digestivos – Podem ser também sintomas de estresse gastrite, úlcera, refluxo gastroesofágico, irritação intestinal, constipação, diarreia.
- Alteração na libido – Mudanças hormonais decorrentes do estresse podem afetar a libido e comprometer o desempenho sexual, levando ao desinteresse pelo sexo.
- Queda de cabelo – Outro sintoma indicativo do estresse é a queda de cabelo. Os fios são enfraquecidos por falta de nutrientes, levando aos casos de queda acentuada.
- Insônia ou sono demasiado – Ou a pessoa perde frequentemente o sono ou, pelo contrário, dorme

demais, causando transtornos na vida pessoal e no trabalho.

- Aumento de peso – A ansiedade decorrente do estresse leva muitas pessoas a se alimentar excessivamente, gerando aumento de peso corporal. O aumento do peso também é devido à liberação do hormônio cortisol, em situações de estresse.
- Acne incomum – Surgimento em grande escala de espinhas e cravos. As lesões surgem mais frequentemente na face, mas podem ocorrer também nas costas, ombros e peito.

SINTOMAS MENTAIS/EMOCIONAIS

- Ansiedade ou angústia sintomática – Em termos gerais, a ansiedade é um estado íntimo de desconforto, preocupação e medo. Podemos defini-la como: "Estado emocional desagradável e apreensivo, suscitado pela suspeita ou previsão de um perigo para a integridade da pessoa" (CABRAL; NICK, 1995, p. 21). Segundo Bissi (2003, p. 57), a ansiedade é "um medo que vem de dentro. Sua causa é de caráter psicológico, subjetivo e não externo e objetivo" Para Romero (1994, p. 136), "a angústia sintomática decorre de conflitos persistentes, que o indivíduo não consegue superar, e de experiências negativas que abalam a autoestima do sujeito, colocando em questão sua segurança básica". Quando a ansiedade ou angústia sintomática se instala, torna-se o clima dominante na vida da pessoa, impondo um sentimento de ruína e derrocada existencial.

Mielnick (1987, p. 18) considera angústia como sinônimo de ansiedade e diz que se trata de 'sensação desagradável de mal-estar, opressão e medo de algum perigo vago e iminente, diante do qual não estamos em condições de nos defender. (...) É acompanhada por alterações comparáveis às observadas nos choques emocionais: taquicardia, palpitações, suores profusos, tremores, vertigens, visão nublada e outras".

- Alterações de humor – A pessoa muda constantemente o seu estado emocional, passando da alegria para a tristeza ou do bom humor para o pessimismo diante da vida, da atitude paciente para o desassossego e a irritação etc.
- Insatisfação com a vida – Dada a tensão desmedida que afeta a sua existência, o indivíduo perde o entusiasmo na realização de seus projetos pessoais e profissionais. E, com isso, vêm o desgosto e o descontentamento generalizado com a sua vida.
- Crises de pânico – O pânico é um estado de extrema tensão e ansiedade da pessoa. Trata-se de um episódio súbito de medo intenso, que provoca reações físicas graves, apesar de não haver nenhum perigo real ou motivo aparente.

  Os sintomas mais característicos são: palpitações, sensação de asfixia, sudorese, tontura, náusea, calafrios ou ondas de calor, terror, tensão muscular, dores no tórax, sensação de estar sonhando, medo de perder o autocontrole, de ficar louco, de ter um ataque cardíaco ou de morrer.

- Vontade de chorar sem explicação aparente – Sem motivo razoável, o indivíduo passa a sentir-se propenso ao choro.
- Sentimento de tristeza – A pessoa é tomada por um inusitado sentimento de tristeza, ainda que aparentemente não haja motivo para isso.
- Irritabilidade e mau humor – Outro sintoma característico do estresse é o indivíduo tornar-se irritadiço, implicante, passando a manifestar mau humor permanente.
- Dificuldade de tomar decisões – Em nosso cotidiano, estamos tomando constantes decisões. Entretanto, em situação de estresse, a pessoa passa a ter dificuldade para decidir, mesmo em assuntos menos importantes.
- Apatia, desânimo – O indivíduo torna-se desinteressado, indiferente aos acontecimentos de sua vida e de seu meio, apresentando um quadro de consternação e abatimento, próprios do desânimo.
- Emoções e pensamentos negativos – As emoções são sempre acompanhadas de pensamentos similares, motivo pelo qual a pessoa, sob o impacto do estresse, alimenta emoções e pensamentos negativos, carregados muitas vezes de desalento e desesperança. Surgindo a negatividade, desaparecem o bom humor e o otimismo, decorrentes da tensão anormal a que é submetida a pessoa.
- Sentimento de estar sobrecarregado – A pessoa estressada, além da apatia e do desânimo, pode também sentir-se excessivamente encarregada de

tarefas e afazeres, sentindo-se exausta diante de demasiada responsabilidade.

- Rigidez – Outro sintoma emocional pode ser inflexibilidade e austeridade do indivíduo estressado, aquilo que popularmente se chama falta de "jogo de cintura".
- Esquecimento – Dada a instalação do estresse, a consequente dificuldade de concentração leva também às falhas de memória, fazendo com que a pessoa tenha dificuldade para memorizar os mais diversos tipos de dados e informações.
- Falta de concentração – O indivíduo torna-se desatento, não conseguindo distinguir por muito tempo aquilo que seria o seu foco de interesse.
- Dificuldade para se lembrar de eventos recentes – A memória de curto prazo fica comprometida.
- Dificuldade para absorver novas informações – Este é outro problema que pode representar um sintoma do estresse.
- Tomadas de decisão precipitadas ou sem raciocínio prévio – O teor de ansiedade impede a reflexão serena para a tomada de decisão.

SINTOMAS COMPORTAMENTAIS

- Alimentação compulsiva – A pessoa ingere quantidades excessivas de comida numa única refeição ou come excessivamente durante um determinado período.

- Hábito do fumo e bebidas alcoólicas – O indivíduo estressado pode buscar a fuga no uso constante do fumo, de bebidas alcoólicas e até mesmo no consumo de drogas ilícitas, como maconha, cocaína, crack, inalantes etc.
- Introspecção em demasia – Quando a introspecção é excessiva, o recolhimento para o próprio interior leva ao desligamento em relação aos outros, ao mundo exterior.
- Projetos não terminados – Outro sintoma comportamental do estresse ocorre, quando a pessoa inicia vários projetos e passa de um para outro, sem concluir nenhum deles.
- Conduta compulsiva – Atos compulsivos também podem ser sinal de estresse, como verificar diversas vezes se desligou o gás, se trancou a porta, se deixou uma fresta na janela para passar ar ao gato ou cão etc.
- Roer unhas – A ansiedade que acompanha o estresse pode levar a roer unhas, cutucar espinhas, passar repetidas vezes a mão no cabelo etc.
- Isolamento social – Mesmo que anteriormente a pessoa fosse bastante sociável, sob o impacto do estresse, ela passa a evitar o contato interpessoal com os outros.

Sintoma é a manifestação clínica de algum problema físico, mental, emocional ou comportamental, constituindo-se num aviso de que algo não vai bem com o indivíduo.

Em outras palavras, sintoma é a "alteração de uma função ou de um órgão, indicando fenômeno patológico" (PASQUIER, 1998, p. 153). Neste capítulo, apresentamos alguns dos sintomas, que se constituem em alertas em relação à possível instalação do estresse na vida de uma pessoa. Antes de apresentarmos algumas causas do estresse, abordamos no próximo capítulo o determinante para que sintamos ou não o estresse: A percepção dos fatos e das situações por nós vividas.

A PERCEPÇÃO DO ESTRESSE 4

Anos atrás, quando as lojas de *shopping centers* só abriam de segunda a sábado, começou-se a ventilar a ideia de sua abertura aos domingos e feriados. O fato em questão era o pensamento de abertura das lojas nesses dias, em que costumavam permanecer fechadas. Todavia, a percepção que se tinha dele, entre os lojistas e trabalhadores, variava de pessoa para pessoa. Como nós ministrávamos cursos de atendimento ao cliente em uma associação de lojistas de shopping, pudemos ouvir das vendedoras e vendedores como estavam percebendo aquele evento.

Diziam uns: "É muito bom que as lojas abram aos domingos e feriados, pois poderemos aumentar nossos ganhos (comissões). E nesses dias a gente não faz quase nada, mesmo". Para eles, trabalhar aos domingos e feriados era percebido como um ganho, uma vantagem, um benefício.

Outros, porém, pensavam de modo diverso: "Prefiro perder o emprego a trabalhar de domingo. É o único dia em que os vendedores podem desfrutar inteiramente do convívio com a sua família. E até isso querem tirar de nós?". Para eles, trabalhar aos domingos e feriados, mesmo com rodízio de trabalhadores, era uma perda, um dano, um malefício.

A ideia era a mesma para todos: abrir as lojas de *shopping centers* aos domingos e feriados. No entanto, o modo como cada um percebia esse fato era diferente, de acordo com a sua visão. Vale aqui o que já falamos sobre o pensamento de Epicteto: "*Não são os acontecimentos que nos ferem, mas a visão que temos deles*".

Costumamos dizer que entre o sujeito que observa ou o sujeito que percebe e o objeto a ser observado, percebido, há uma lente, que pode facilitar ou deturpar a percepção desse objeto. É como se fosse um par de óculos, por meio do qual enxergamos tudo diante de nós. As lentes dos óculos podem facilitar ou dificultar a visão do mundo à nossa frente. Os teóricos da Programação Neurolinguística (O'CONNOR; SEYMOUR, 1995) chamam de *mapa* o que costumamos denominar *lentes*.

Para a Programação Neurolinguística, cada pessoa possui seu próprio mapa de mundo, sua visão de mundo, e nesse mapa estão guardadas todas as informações importantes para aquela pessoa, de acordo com o que ela aprendeu, viveu, sentiu, viu, ouviu ao longo da vida, de acordo com seus princípios, crenças e valores. O mapa é a representação mental do mundo de cada pessoa, e é construído a contar de suas experiências e percepções individuais. Refere-se à maneira de agir, de viver de cada pessoa. O mapa corresponde, portanto, à percepção, à visão que cada um tem da realidade.

A nossa percepção habitual a respeito da vida, chamada *visão* por John Powell, e *sistema de crenças* básicas (atitudes, filosofia de vida, valores fundamentais) por Albert Ellis (1972, p. 25), pode contribuir tanto para a serenidade diante dos acontecimentos do cotidiano, quanto para o estabelecimento do estresse. Daí a importância de apurarmos a nossa percepção, buscando mais os aspectos positivos e menos os negativos que a vida nos apresenta.

John Powell (1989, p. 45 et seq.), ao apresentar-nos a sua *terapia da visão,* considera: "Toda mudança na qualidade de vida de uma pessoa resulta de uma mudança em sua visão da realidade. Não pode haver uma mudança verdadeira e permanente, a não ser que esta visão seja modificada".

Segundo Powell, a primeira pergunta da criança que vem ao mundo é sobre si mesma: *Quem sou eu?* A partir daí, busca descobrir a realidade física: suas mãos, seus pés e assim por diante. Vem depois a descoberta da sua realidade emocional: segurança, insegurança, necessidade de gratificação e atenção. Após isso, a criança percebe, paulatinamente, que a realidade se constitui em algo mais, além dela própria. É quando se dá conta da existência do outro.

Conforme vai tomando contato com essa nova realidade, a mente da criança "começa o trabalho de compreensão, interpretação e avaliação. É o começo da visão que vai modelar uma vida humana". Da instalação dessa visão dependerá a maneira como a pessoa irá desfrutar os outros, os lugares, as situações, os desafios.

Como nos aconselha Powell, precisamos estar atentos à visão que temos da realidade à nossa volta. Temos de nos tornar cada vez mais inteirados de seus conteúdos, constatar suas distorções e substituir percepções falsas por outras, verdadeiras.

Da nossa percepção, da nossa visão, do nosso sistema de crenças depende a ocorrência de uma vida serena diante dos acontecimentos ou de uma vida tensa, descolorida e sem significado.

Acompanhemos dois casos relatados em *workshops* apresentados por mim:

a) Leonor era estudante do 4º semestre de Administração e já havia sido reprovada uma vez. Apesar de demonstrar inteligência aguçada, nos momentos de prova sentia um "branco" e não conseguia se lembrar daquilo que tão bem havia estudado anteriormente. Com isso, conseguia notas muito baixas. De acordo com a oportunidade que tivemos de averiguar, a autopercepção dessa estudante era de uma pessoa de inteligência inferior. Desde o ensino fundamental, quando seus pais ameaçaram tirá-la da escola pela avaliação negativa de uma professora, ela passou a sentir-se como alguém intelectualmente abaixo da média. Agora, na universidade, essa percepção se ampliara.

Quando Leonor conversou conosco, mostramos o equívoco dessa autopercepção, fundada num falso julgamento sobre a sua capacidade intelectual. Ela procurou por terapia psicológica e, como nos relatou posteriormente, havia concluído o curso de Administração e acabara de ser promovida na empresa em que trabalhava. Ela havia abandonado as crenças errôneas e passara a acreditar em si mesma. A mudança de visão permitira a elevação da sua autoestima e dera um impulso inusitado em sua vida. Ela se tornara uma pessoa autoconfiante e, com certeza, outras conquistas conseguiu realizar.

b) Adalberto, gerente comercial, viera participar de um curso conosco, porque desejava atenuar o impacto dos problemas emocionais que seus liderados levavam até ele. Porém, diferentemente do caso de Leonor, citado anteriormente, ele tinha um autoconceito positivo. Acreditava no seu potencial, era seguro e tinha prognósticos otimistas para o seu futuro. Ele não estava estressado, apenas queria prevenir-se contra a instalação do estresse. Contrariamente ao caso de Leonor, os pais de Adalberto sempre se concentraram em suas habilidades, valorizando antes o que ele conseguia realizar e não focando em demasia seus possíveis fracassos. Desse modo, de conquista em conquista, ele foi realizando a sua trajetória na vida. Quando chegou até nós, não era o desempenho o seu problema. Ele era um executivo bem sucedido. As emoções avassaladoras das contendas familiares de seus liderados é que estavam interferindo em suas próprias emoções, pois ele atraía para si os problemas que eles lhe levavam.

Pelo que soubemos posteriormente, a assistência psicológica aliada aos exercícios de relaxamento que lhe propusemos, foi suficiente para permitir que Adalberto tratasse dos problemas afetivos da sua equipe, sem que se envolvesse emocionalmente de modo negativo com eles. A visão do relacionamento interpessoal com os liderados foi alterada e, com essa mudança, também a tensão de que sofria foi amenizada, de modo a poder trabalhar com segurança e serenidade dali para frente.

Depois das considerações anteriores, fica bastante claro que um evento pode ser um estressor para uma pessoa e não ser para outra. Rogério Zimpel (2005, p. 20), ao abordar esta matéria, assim se expressa: "A autopercepção é importante. O estresse é um fenômeno subjetivo, porque as ameaças (ou estressores) são subjetivas e de diferentes tipos".

Sobre este mesmo ponto, Débora Loures et al. (2002) comentam inicialmente que pesquisas recentes demonstram que o estresse mental pode atuar como gerador de doenças cardiovasculares de forma crônica e aguda. Dizem que o estresse desencadeia a hiperatividade simpática (aumento na atividade simpática, responsável pelo controle involuntário de vários órgãos internos) e a inibição vagal (obstrução da atividade do nervo vago que controla, por exemplo, a contração do coração, a diminuição da frequência dos batimentos cardíacos etc.). Isto, por sua vez, acaba por causar um desequilíbrio na ação do sistema nervoso autônomo, ocasionando eventos isquêmicos (diminuição ou suspensão da irrigação sanguínea) e arrítmicos (alteração no ritmo das batidas do coração). Acrescentam, entretanto – e este é o ponto que mais nos interessa aqui – que "a subjetividade e ampla variabilidade interpessoal presente na própria definição do estresse mental, ainda constituem uma barreira a seu estudo". Isto significa que a subjetividade na percepção do estresse existe também na definição do estresse mental.

Em síntese, um evento que pode causar estresse em um indivíduo, pode não causar noutro, pois o seu mapa mental, o seu sistema de crenças ou a sua visão são diferentes de pessoa para pessoa. São subjetivos. A par disto, elencaremos, no próximo capítulo, alguns eventos que, de modo abrangente, têm o poder de desencadear o estresse, de acordo com as peculiaridades de cada pessoa.

AGENTES ESTRESSORES 5

Agentes ou estímulos estressores são a razão de ser do estresse, isto é, os seus causadores. Em geral, são chamados simplesmente de estressores. É importante conhecer alguns, a fim de que possamos nos prevenir contra eles ou administrá-los, quando o estresse já foi instalado. Marilda Lipp (2003) explica que aquilo que estressa o ser humano se divide em dois tipos de fatores: os internos e os externos.

a) Fatores internos – são aqueles ligados ao próprio modo de ser da pessoa, à sua maneira de interpretar o mundo que a cerca (mundividência), assim como ao seu comportamento. Destarte, as pressões que a pessoa se impõe, seu perfeccionismo, seu negativismo, a pressa incessante, as autoexigências podem ocasionar um significativo nível de estresse.

b) Fatores externos – são aqueles que não dependem tanto da maneira de ser de cada um. Estão situados no ambiente vivencial da pessoa. Podem ser de natureza ocupacional, financeira, como ligados ao relacionamento interpessoal do indivíduo. Como exemplo, podemos citar o falecimento de uma pessoa querida, uma demissão inesperada, uma doença etc.

Seguindo essa classificação, apresentamos alguns dos fatores mais comuns de ocorrência do estresse:

FATORES EXTERNOS

- Novo emprego – Um novo emprego traz consigo uma nova empresa, novas funções, novas tarefas, novos colegas, novo chefe, novas responsabilidades. Quando se trata de um emprego diferente do trabalho habitual do novo colaborador ou um novo posto de trabalho, essa mudança também pode ser um fator gerador de estresse.
- Demissão – A demissão, principalmente quando inesperada, acarreta grande grau de tensão, que pode ser quase insuportável. A palavra *desempregado* soa de forma humilhante a quem foi demitido. Tal situação torna-se intolerável, até que a pessoa consiga ser admitida em nova empresa.
- Escala ou turno de trabalho – A escala de trabalho determina as regras de entrada e saída dos colaboradores da empresa. Há várias maneiras de se estruturar as escalas, podendo ser, por exemplo: escala 5x1, em que a cada cinco dias trabalhados, o colaborador folga um; ou escala 6x1, em que a cada seis dias trabalhados, o funcionário tem um de folga. Nem sempre a pessoa acostumada a folgas aos sábados e domingos tem facilidade de ajustar-se a essas regras.

Turno é o período de tempo determinado para o trabalho. Empresas que operam vinte e quatro horas por dia costumam ter quatro turnos de seis horas ou três turnos de oito horas. Há quem não se habitue aos turnos da noite e da madrugada, gerando estresse.

- Casamento – O casamento também pode ser um causador de estresse (tanto eustresse quanto distresse). A mudança de vida que o casamento exige, o nervosismo dos preparativos, os gastos para a festa de núpcias e para a viagem de lua de mel, as novas responsabilidades, tudo isso em conjunto pode converter-se em agente estressor.
- Nascimento de filho – O nascimento de um filho também exige mudanças decisivas na vida do casal, o que pode ocasionar ansiedade e tensão, tornando-se um fator de estresse.
- Divórcio – A separação do casal é um acontecimento que carrega consigo emoções e sentimentos desagradáveis. Sabe-se, por fatos relatados, que o divórcio pode provocar síndrome do pânico, estresse pós-traumático, insônia, emagrecimento descomedido e até mesmo câncer. Já é de conhecimento geral que o divórcio pode debilitar a saúde de modo mais rápido do que entre as pessoas que se mantiveram casadas.
- Relacionamentos – Relacionamentos interpessoais difíceis, aflitivos e tempestuosos geram tensão excessiva, ansiedade e grande insatisfação, podendo tornar-se em agentes estressores, principalmente quando prolongados.

- Doença – Quem sempre foi saudável e se vê numa situação de doença grave, passa a sofrer apreensão e inquietude extremadas. Para muitas pessoas, lidar com a situação de enfermidade é muito difícil, provocando tensão desmesurada e, em muitos casos, duradoura. A consequência é o surgimento do estresse.
- Mudança – Há quem costume resistir à mudança, preferindo continuar em sua zona de conforto. Neste caso, costumam-se apresentar quatro fases da mudança: negação (busca-se preservar a presente situação), resistência (dá tempo para testar a nova situação e ganhar segurança), exploração (exame das possibilidades que traz a nova situação) e comprometimento (aceitação da mudança).

  Assim, tendo de passar por tais fases, a resultante é que tudo que leva a alterar a posição de conforto do indivíduo, impondo uma nova maneira de ser e exigindo adaptação a um novo modo de viver, acaba por se tornar um fator de estresse.
- Novo posto de trabalho – Já dissemos que um novo posto de trabalho exige muitas vezes grande esforço de adaptação, pois contém novas atividades, novas obrigações, novas responsabilidades e, em certos casos, novo chefe e novos colegas de trabalho. A tensão gerada pode ser muito grande.
- Acidente – Uma pessoa acidentada é obrigada a mudar a sua rotina, sendo às vezes forçada a permanecer no leito, a se locomover com muletas

ou em cadeira de rodas. As suas obrigações ficam comprometidas e ela passa, em certas circunstâncias, a depender de terceiros, gerando um estado de grave tensão e ansiedade.

- Competitividade – Vivemos num mundo de extremada competitividade, muitas vezes desleal. A competição no trabalho, por exemplo, interfere nas atividades em equipe e leva a uma visão do outro como adversário ou inimigo, ao invés de companheiro. Passar horas e horas de atividade laboral em competição acirrada com os colegas, suscita um altíssimo nível de tensão, de ansiedade, de emoções desagradáveis em geral. A situação, com o passar do tempo, pode converter-se em fator de estresse.
- Pressões diversas – Na era da comunicação global e instantânea, somos obrigados a agir com maior rapidez do que acontecia no passado, quando as comunicações eram lentas, demoradas. A pressão de tempo é bastante comum e há também a pressão da quantidade de trabalho, a pressão para uma tomada de decisão e assim por diante. Quando somos pressionados, somos obrigados a sair do nosso ritmo normal de atividade. Tensionados, ansiosos e desgostosos com a situação, podemos sucumbir ao estresse.

FATORES INTERNOS

Entre os fatores internos responsáveis pela ocorrência do estresse, podemos mencionar:

- Crenças – O nosso sistema de crenças pode impulsionar-nos para grandes realizações, como também pode nos imobilizar, impedindo o nosso melhor desempenho. Quando o sistema de crenças pende para o circuito negativo, a ocorrência de estresse é uma grande possibilidade, o que não acontece, quando o circuito é positivo
- Visão de mundo – A visão de mundo, mundividência ou cosmovisão, representa todo o conjunto de crenças e opiniões fundamentais de uma pessoa. Proveniente da cultura e das ideias vigentes, é a orientação cognitiva fundamental de um indivíduo ou mesmo de toda uma sociedade. Trata-se da maneira como entendemos Deus, a vida, o outro, e as respostas decorrentes desse entendimento. Aqui também, o modo de ver a realidade interfere nas realizações do sujeito e pode favorecer tanto a serenidade como o estresse, de acordo com o teor positivo ou negativo dessa visão.
- Mindset fixo – Mindset é, em linhas gerais, a maneira como encaramos a vida, é a atitude mental que temos diante da realidade. Há dois tipos de mindset: a) mindset de crescimento, segundo o qual o indivíduo crê que é capaz de cultivar suas qualidades básicas por meio de seus próprios esforços. Corresponde a uma visão positiva da vida;

b) mindset fixo, em que o indivíduo crê que a sua capacidade, habilidades e inteligência são imutáveis. Ou a pessoa é inteligente ou não é. Não há como mudar isso. O mindset fixo "cria a necessidade constante de provar a si mesmo o seu valor" (DWECK, 2017, p. 14). Esse esforço contínuo pode gerar estresse, contribuindo para uma visão de mundo pessimista. Ademias, trata-se em geral de pessoas inseguras, que duvidam de suas capacidades e descreem que possam aprimora-se pelo esforço próprio. Afastam-se, assim, da resiliência, que é a habilidade de cada pessoa enfrentar e superar as adversidades do cotidiano.

- Valores pessoais – Os valores que escolhemos para a vida direcionam a nossa conduta. Hoje em dia, por exemplo, há uma inversão valorativa, dando-se muitas vezes prioridade ao corpo antes que à alma, valorizando-se primordialmente a dimensão material da vida em detrimento da dimensão espiritual. Isso pode gerar conflitos, tensões, ansiedade e angústia. Pois bem, dependendo dos valores escolhidos, eles também podem contribuir para uma vida produtiva, significativa, saudável, como para uma vida improdutiva, fútil e estressante.
- Grau de ansiedade – Ansiedade é o "estado emocional desagradável e apreensivo, suscitado pela suspeita de um perigo para a integridade da pessoa" (CABRAL; NICK, 1995, p. 21). O psicólogo norte-americano Rollo May (1980, p. 199-200) considera que a ansiedade é uma apreensão

difusa, não-específica, vaga e sem objeto. Suas características especiais "são os sentimentos de incerteza e impotência em face do perigo". Para Isaak Mielnik (1987, p. 20), "ansiedade é um estado de perturbação emocional que funciona como um alarme, indicando a necessidade de resolver o conflito que existe em sua origem". Em termos de grau, a ansiedade "pode progredir desde uma sensação de tensão e apreensão, inquietação e respiração alterada até o pânico, com contrações musculares faciais incontroláveis, rubor ou palidez, tremores, perturbações da fala (gagueira, engrolamento etc.) e dificuldade em organizar os pensamentos". Como se pode deduzir, a ansiedade está ligada à origem do estresse.

- <u>Tipo psicológico</u> – Há diferentes tipos psicológicos, isto é, diferentes maneiras de nos postarmos frente ao outro e diante de nós mesmos. Neste breve contexto, entendamos genericamente que ao tipo psicológico podem ou não estar vinculados o otimismo, o bom humor, a esperança, a convivência harmoniosa, a segurança, a serenidade e outros aspectos positivos diante da vida. Neste sentido, o tipo psicológico pode tanto favorecer como impedir a tranquilidade necessária para encarar os problemas do cotidiano. No caso, por exemplo, de um tipo psicológico extrovertido, as relações interpessoais, a depender de cada caso, podem ocasionar intercâmbio pacífico ou tempestuoso. Já no caso do introvertido, pode levar ao isolamento doentio ou ao recolhimento temporário para a reflexão anterior a uma decisão importante. Desse modo, o nosso tipo psicológico pode favorecer ou não a incidência do estresse.

- Deficiência na comunicação – Digamos, de modo breve, que na comunicação existem, basicamente, um emissor (que envia uma mensagem), um receptor (que recebe a mensagem), uma mensagem (conteúdo que é enviado) e um código (o modo como a mensagem é transmitida, podendo ser oral, escrita, gestual etc.). Neste sistema, podem surgir ruídos (obstáculos). Tais ruídos podem ter por origem: a) o emissor (quando não torna clara e objetiva a mensagem); b) o receptor (quando não consegue interpretar com precisão a mensagem); c) a mensagem (quando é imprecisa, incompleta ou falsa); d) o código (quando a mensagem é enviada por um código inadequado; exemplo: enviar um e-mail, quando é mais pertinente o contato pessoal). Enfim, qualquer empecilho na comunicação pode levar a desentendimentos e dissensões muito graves, favorecendo a ocorrência do estresse.
- Desmotivação – É importante lembrar que o estresse ocorre pelo estímulo excessivo e também pela falta de estímulo desafiador. A pressão desmesurada e a monotonia paralisante podem ambas levar à incidência do estresse. Um trabalho enfadonho, entediante e repetitivo, sem nenhum estímulo ativador, pode ocasionar a ocorrência do estresse.
- Modo de agir e reagir diante da pressão – Tanto em família como no trabalho e nas relações

interpessoais do dia a dia, podem surgir pressões psicológicas e situações opressivas, originadas por interferências externas. Uns conseguem reagir adequadamente, não sendo afetados de modo negativo. Porém, outros não suportam as cobranças e intervenções, não conseguindo energia suficiente para cumprir os compromissos no tempo esperado. Mas a pressão também pode ter origem interna. Neste caso, a exigência, a pressão, a cobrança estão na própria mente da pessoa. É preciso cuidado neste ponto, a fim de que não nos tornemos nossos próprios algozes.

- Vida solitária – Solidão é o estado de quem se acha só. Isto não quer dizer nada de negativo. O que pode levar à situação de estresse é a percepção negativa que a pessoa tenha da solidão. Há quem tenha uma vida solitária por opção. Para tal pessoa, a solidão não é motivo de estresse. Por outro lado, existem pessoas que percebem a vida solitária com um sentimento profundo de vazio e isolamento. Neste caso, a vivência contínua nessa situação acaba por levar ao estresse. Há quem estabeleça a diferença entre solidão (sentido negativo) e solitude, que é a condição de quem está só por opção ou está num período de reflexão e de interiorização (sentido positivo).
- Otimismo ou pessimismo diante da vida – Pessoas otimistas encaram os problemas do cotidiano com bom ânimo, conseguindo transpô-los da melhor maneira possível. Neste caso, não ocorre o estresse. Já os pessimistas têm uma visão negativa,

destrutiva, devastadora, às vezes. Qualquer pequeno empecilho se transforma em um obstáculo intransponível. Como problemas existem habitualmente em nossa vida, acabam por minar a resistência dos pessimistas, produzindo situação de estresse.

- Harmonia ou desarmonia interior – A harmonia interior nos dá paz e tranquilidade. Ao harmonizar nossos pensamentos e sentimentos, fortalecemo-nos para enfrentar os problemas do dia a dia. Mantermo-nos em harmonia fortalece a nossa produtividade no trabalho e promove o relacionamento sereno com os demais. Já a desarmonia interior obstrui a produtividade, impede relacionamentos pacíficos, originando dissensão e tensão.
- Frustração diante de um projeto rejeitado – Frustração é um estado de desapontamento. É uma emoção, um sentimento que ocorre, quando algo que era esperado não ocorreu. Há pessoas que, ao terem seu projeto rejeitado, buscam as causas da desaprovação, procuram corrigir, rever, refazer, enfim, percebem a rejeição como um desafio para produzir algo melhor. No entanto, há também as pessoas que, em situação semelhante, entram num estado de desgosto, decepção, desencanto e desilusão, propiciando a instalação do estresse.
- Comportamento submisso – "A *conduta autodestrutiva,* também chamada *comportamento submisso* ou *passivo,* ocorre quando, por inibição diante do outro, ponho de lado meus objetivos, não expressando meus pensamentos, meus sentimentos,

minhas emoções, meus desejos, minhas necessidades e minhas expectativas, submetendo-me às decisões, aos caprichos e à vontade do meu interlocutor" (MARINHO, 2014, p. 136-137). As pessoas que emitem cotidianamente comportamentos submissos, deixam que os outros decidam por elas, pelo fato de se considerarem inferiores. Agindo assim, subestimam suas ideias, sentimentos e direitos, sendo também subestimadas, desvalorizadas e desrespeitadas pelos outros. Tal situação leva à ira sobre si mesma pela sua passividade, ocasionando tensão, estresse.

Em termos gerais, podemos alinhar alguns fatores que são causadores potenciais do estresse:

- Aborto;
- Alteração nos hábitos pessoais;
- Ameaças constantes (pessoas que se sentem intimidadas, constrangidas);
- Ansiedade constante;
- Aposentadoria;
- Aposentadoria do cônjuge;
- Baixa autoestima;
- Baixa resistência à frustração;
- Casamento;
- Competitividade intensa;
- Construção ou reforma da casa/apartamento;
- Demissão do emprego;
- Dificuldades sexuais;

- Dívidas;
- Divórcio;
- Doença grave;
- Férias;
- Gravidez;
- Lesões;
- Má administração do tempo;
- Morte de amigo próximo;
- Morte de um filho;
- Morte do cônjuge;
- Morte dos pais ou irmãos;
- Mudança de emprego;
- Mudança de residência;
- Mudança nas condições de trabalho;
- Nascimento do filho;
- Novas responsabilidades;
- Novo cônjuge;
- Parente indo morar com a pessoa;
- Perda considerável de renda;
- Relacionamento interpessoal conturbado;
- Trânsito engarrafado;
- Vida solitária;
- Viuvez.

Os especialistas em estresse, da Universidade de Washington, Thomas Holmes e Richard Rahe elaboraram uma escala para avaliação do estresse, que transcrevemos a seguir. O nível de estresse segue, em ordem decrescente, de muito alto para baixo. Para essa escala, criaram um índice de 43 mudanças possíveis, atribuindo a cada uma um valor (em pontos) quanto à capacidade de provocar estresse, numa escala de 1 a 100. Vejamos:

Eventos	**Pontos**
Morte do cônjuge	100
Divórcio	73
Ser preso	63
Morte de pessoa querida da família	63
Ferimento ou doença pessoal grave	53
Casamento	50
Demissão do emprego	47
Reconciliação com cônjuge	45
Aposentadoria	45
Doença grave em pessoa da família	45
Gravidez	40
Dificuldades sexuais	39
Chegada de novo membro à família	39
Adaptação a novo emprego ou negócio	39
Alteração da situação financeira	38
Morte de amigo(a) querido(a)	37
Mudança para outra área de trabalho	36
Variação na frequência de discussões com o cônjuge	35
Dívidas	31
Mudança de responsabilidade no emprego	29
Filho(a) saindo de casa	29
Dificuldades com os sogros	29
Façanha pessoal incomum	28
Cônjuge começa ou para de trabalhar	26

Eventos	Pontos
Inicio ou término de estudo escolares	26
Alteração nas condições de vida	25
Revisão de hábitos pessoas	24
Dificuldades com o chefe	23
Mudança nas condições ou horários de trabalho	20
Mudança de escola	20
Mudança de tipo de lazer	19
Mudança de atividades sociais	18
Alteração nos hábitos de dormir	16
Alteração nos hábitos de comer	15
Férias	13
Natal	12
Transgressões (não graves) da lei	11

Quando estão presentes diversos estressores ao mesmo tempo, a gravidade do estresse é maior. Ou quando há apenas um, com pontuação elevada, como é o caso, por exemplo, da morte do cônjuge (100 pontos). Nesta escala, a pontuação elevada está associada à presença de enfermidades. Não podemos, porém, perder de vista que diversas situações que poderiam provocar o estresse não estão presentes nesta escala e os níveis de estresse variam para cada pessoa, de acordo com a sua percepção da realidade.

De qualquer modo, estes são alguns dos principais fatores geradores de estresse, tanto internos quanto externos. Pelas suas ocorrências, dá para se evidenciar os transtornos expressivos e consideráveis que o estresse pode acarretar.

Hans Selye aponta um percurso do estresse, passando por três fases, que ele denominou "síndrome de adaptação geral". Dissertaremos sobre ela no próximo capítulo.

SÍNDROME DE ADAPTAÇÃO GERAL 6

Estresse, na concepção do pioneiro Hans Selye (p. 25), é "a resposta inespecífica do corpo ante qualquer exigência que lhe seja formulada". Isto significa que as mudanças orgânicas oriundas do estresse podem ser produzidas pelos mais diversos tipos de agentes, como o frio, o calor, a infecção, o trauma, a hemorragia, a irritação nervosa e muitos outros estímulos, como afirma Selye. A reação típica do estresse foi descrita pela primeira vez, em 1936, como *síndrome de adaptação geral* (SAG).

Em seu aspecto físico, de acordo com Selye, a síndrome de adaptação geral pode ser dividida em três fases sucessivas: a reação de alarme, a fase de resistência ou adaptação e a fase de exaustão.

REAÇÃO DE ALARME

Na reação de alarme, o organismo mostra as mudanças características da primeira exposição a um agente estressor. Trata-se de um momento em que, diante do estresse, o corpo prepara uma breve resposta com a participação do sistema nervoso simpático. São liberados os chamados "hormônios do estresse" (adrenalina e cortisol), que agilizam os batimentos cardíacos, aumentam os níveis de açúcar no sangue, a oxigenação dos tecidos e a sudorese, dilatam as pupilas e causam a imunodepressão (redução das defesas do organismo). "O organismo como um todo é colocado em estado de alarme geral. É como se soasse uma campainha, se acendesse uma lâmpada, como resposta ao 'ataque' dos agentes estressores" (GOLDONI, 2016, p. 26). Nesta fase, o organismo identifica o estressor e prepara uma rápida resposta.

Considerando que a reação de alarme é um "chamado às armas" ou um apelo às "forças de defesa do organismo", o psiquiatra René Penna Chaves (1976, p. 32-33) divide esta fase em duas partes:

a) Fase de choque – condição de lesão generalizada intensa, de desenvolvimento agudo. É caracterizada por hipotermia (queda da temperatura corporal para menos do que o normal); hipotensão (pressão arterial inferior à normal); hipotonia muscular (redução do tônus muscular); hemoconcentração (aumento dos glóbulos vermelhos no sangue em prejuízo da quantidade de plasma); hipocloremia (queda anormal da quantidade de cloro no sangue); acidose (diminuição grave do PH sanguíneo); leucopenia (diminuição da taxa sanguínea de glóbulos brancos abaixo do limite inferior da normalidade) etc. Segundo Penna Chaves, a duração desta fase pode ser de minutos até 24 horas, dependendo das lesões provocadas.

b) Fase de contrachoque – há aumento da pressão arterial, eosinopenia (número anormalmente baixo de glóbulos brancos, provenientes da medula óssea) no sangue; leucocitose (aumento da taxa sanguínea de glóbulos brancos, acima do limite superior da normalidade); hipercloremia (aumento anormal do nível de cloreto no sangue); hiperglicemia (excesso de glicose no sangue; aumento da diurese (secreção de urina); hipertemia (elevação da temperatura corporal) etc. Estes são exemplos das alterações defensivas mais evidentes, que seguem as alterações provocadas durante o choque. Selye acrescenta que a resistência do organismo fica diminuída, de modo que, se o estressor for suficientemente intenso, como graves queimaduras e temperaturas extremadas, pode provocar a morte.

É necessário concentrar-se nos avisos manifestados pelo corpo. Precisamos agir antes que o estresse se instale. Infelizmente, é comum que a pessoa não se aperceba do que está ocorrendo consigo. Em tais casos, são aqueles com quais convive que reconhecem os sinais do estresse. Ou então, a pessoa somente nota esses sinais, quando já podem ter motivado distúrbios mais preocupantes. É quando o indivíduo procura ajuda profissional.

O psicanalista Augusto Goldoni (2016, p. 27) aconselha: "Procure prestar atenção no ambiente ao seu redor, nos sinais que seu corpo emite e no seu próprio comportamento. Eles são os vestígios mais confiáveis da sua capacidade de resistência ou propensão ao estresse". E conclui que não se deve ter vergonha ou medo de procurar ajuda especializada. Afinal, não podemos deixar que o estresse avance para as demais fases e, ainda menos, que entre em estados críticos.

A fase de alarme prepara o organismo para a ação, seja luta ou fuga.

FASE DE RESISTÊNCIA OU ADAPTAÇÃO

É o momento em que sobrevém a reação, se a exposição continuada ao estressor resultar compatível com a adaptação. A resistência do organismo aumenta para o estímulo estressor e diminui para outros estímulos. Nesta fase, as alterações características da reação de alarme decrescem e se extinguem, perdurando apenas algumas reações da fase de contrachoque.

Na fase de resistência, o organismo passa a se acomodar aos estressores e, ao mesmo tempo, a se preparar para enfrentar o estresse. O perigo está no fato de que, diferentemente da primeira fase, habitualmente ela é silenciosa, não disparando sinal de alerta. Podemos citar como exemplo a pessoa que, diante do gênio difícil de seu chefe, toda vez que precisa discutir um projeto, sente o coração disparar. Como isso ocorre com frequência, acaba por acomodar-se a essa situação, que nem sempre percebe que ocorreu a taquicardia. Entretanto, as ações intempestivas do chefe continuam, de modo que o coração vai sofrendo silenciosamente as suas consequências. Se isto persistir por muito tempo, quando se der conta, o indivíduo já estará com um grave problema cardíaco.

FASE DE EXAUSTÃO

Depois de uma grande e continuada exposição ao mesmo estressor a que o corpo havia chegado a acomodar-se, esgota-se a energia adaptativa. Os sintomas tornam-se mais intensos e podem surgir transtornos como irritabilidade, queda de cabelo, insônia, problemas sexuais e isolamento social. Se a situação persistir, graves transtornos ainda podem ocorrer, como úlceras, cardiopatias, depressão, infarto e, em casos extremos, a morte. É também a etapa em que ocorre o esgotamento da capacidade de adaptação, devido à ação muito prolongada do agente estressor. Reaparecem as alterações da reação de alarme, mas sua característica inicial de proteção pode ultrapassar as necessidades, ocasionando efeitos inoportunos, tais como doenças e, como já dissemos, até a morte.

Particularmente, quando falamos em estresse laboral, esta última fase, de predomínio de um estado de intenso esgotamento físico e mental, leva ao que se denomina comumente *burnout*, isto é, um transtorno psíquico de caráter depressivo. No próximo capítulo, abordaremos este assunto.

Como toda mudança, também a síndrome de adaptação geral comumente não acontece com brevidade. É um processo paulatino. É verdade que pode ter a duração breve, mas igualmente pode caminhar com lentidão por meses ou anos. Nessa trajetória, primeiramente acontece o alerta do organismo, por meio de avisos emitidos pelo corpo (Alarme); em seguida, vem a tentativa de adaptação do organismo ao agente estressor, ao mesmo tempo em que parte do organismo se mobiliza, buscando enfrentar o estresse (Resistência ou Adaptação); e, finalmente, as energias mobilizadas na fase de reação se esgotam, com a supremacia do estresse (Exaustão).

Poderíamos perguntar: "Por que a pessoa já não se dá conta do que está acontecendo, logo na primeira fase?". Porque está profundamente envolvida nos afazeres do seu dia a dia, que não consegue colocar o foco no problema, que já começa a sofrer. Daí a importância de não vivermos como autômatos, seguindo inconscientemente uma rotina diária, sem nos dar conta do que vem ocorrendo conosco. Prestemos atenção aos sinais emitidos pelo nosso corpo. Quanto mais rapidamente tomarmos consciência do processo instalado pelo estresse, mais condições teremos de administrá-lo, reduzindo-o ou o eliminando, quando depender apenas de nós mesmos. Lembrando: a ajuda médica e psicológica é um apoio que deve ser procurado para o domínio mais rápido e pertinente da situação e, consequentemente, para o nosso próprio bem-estar.

No capítulo 9, abordaremos o *modelo quadrifásico do estresse*, como é considerado hoje.

BOREOUT E BURNOUT 7

Certa vez, num de meus cursos de técnicas de relaxamento, uma participante me relatou que, após uma demissão inesperada, procurou ansiosamente por um novo emprego. A situação não estava fácil, mesmo depois de uma intensa e contínua procura. As contas, as cobranças chegavam diariamente e ela não conseguia, de nenhum modo, ser admitida para o cargo que exercia anteriormente. Já entrando em desespero, surgiu a oportunidade de um trabalho. O posto era inferior ao que ela ocupara na empresa anterior e o salário bem menor. Dadas as circunstâncias, ela aceitou, começando a trabalhar imediatamente.

Passado algum tempo, ela já se encontrava desmotivada, pois as exigências e a responsabilidade do cargo eram muito inferiores à sua capacidade de trabalho. Todavia, mesmo entediada, continuou no emprego, pois já estava conseguindo pagar as dívidas. Depois de muito tempo de rotina desestimuladora, foi acometida de um cansaço tão grande e de um desinteresse incomum, que precisava de muito esforço para ir à empresa todos os dias. Mesmo em casa, a fadiga e a prostração continuavam, desfavorecendo as atividades no lar e até as visitas a pessoas amigas. Já estava à beira do esgotamento, embora fingisse ter satisfação por suas tarefas (por temor de demissão), quando recomeçou a busca por novo emprego. Assim que conseguiu um no mesmo nível daquele que tivera na empresa anterior, deixou o trabalho daquele momento. "Quando isso aconteceu – disse-me ela –, o cansaço desapareceu completamente e um grande entusiasmo pelas novas atividades substituiu o desinteresse. Foi um verdadeiro milagre".

O caso que aquela aluna me relatou é um exemplo do que é denominado *boreout*.

BOREOUT

Como já consideramos, o estresse pode se instalar, seja por tensão excessiva, seja pela ausência de estimulação suficiente. Quando se trata de apatia, o estresse é ocasionado pelo tédio, tomando o nome de *síndrome de boreout* ou simplesmente *boreout*. Este vocábulo foi introduzido pelo psicólogo alemão, naturalizado norte-americano, Herbert Freudenberger, quando pesquisava a *síndrome de burnout*, sobre a qual discorreremos a seguir. O vocábulo *boreout* provém de "bored", que significa "entediado". O *boreout*, usado particularmente no caso do estresse laboral, acontece quando não há uma estimulação adequada para a execução das tarefas. Ocorre muitas vezes, quando a pessoa possui habilidades muito superiores às exigidas pelo posto de trabalho ocupado, não se sentindo motivada a executar as suas tarefas desestimulantes.

Lisa Gunthner (apud BOEGER; CALEGARI, 2018, p. 27) afirma que "o *boreout* é resultado de um distanciamento do trabalho por parte do colaborador, por não ver mais sentido naquela ocupação ou, às vezes, pode acontecer por se sentir 'superqualificado' para aquelas tarefas ou por não se identificar com aquilo que a empresa desenvolve ou produz – em suas metas e visões corporativas. Pode também se sentir pouco valorizado pelo baixo salário que recebe, quando comparado com o potencial que imagina ter, se frustrando por ter que se submeter a atividades tão pouco desafiadoras".

A síndrome de *boreout* caracteriza-se pela falta de desafios no trabalho, exaustão emocional, despersonalização, aborrecimento extremado e esgotamento físico, provocados pela natureza do trabalho em associação com o ambiente onde se realizam as atividades laborais. O *boreout* apresenta-se como uma síndrome na qual "funcionários frustrados não conseguem encontrar tarefas de que gostem ou se sentem desenquadrados em suas empresas, subvalorizam aquilo que executam, muitas vezes por achar as suas atividades monótonas e pouco desafiadoras" (BOEGER; CALEGARI, 2018, p. 26-27). "São profissionais – declaram Boeger e Calegari – que atuam mal e vagarosamente, apresentando resultados de baixo desempenho, frequentemente usando seu tempo durante o expediente para assuntos pessoais (sempre de forma discreta para garantir seu *status quo*, temendo ser identificados e perder a estabilidade de seu emprego, embora detestem as tarefas a serem desempenhadas)".

Podemos resumir as características da síndrome de *boreout*, asseverando que:

a) A pessoa afetada não consegue encontrar tarefas de que goste ou se sente desenquadrada na empresa, subvalorizando as suas atividades;

b) Requer o mínimo de si mesma na execução das tarefas, realizando apenas o que seja necessário para não dar motivo à demissão;
c) É dominada pelo desinteresse e apatia, usando muitas vezes da estratégia de fingir estar executando com motivação e dedicação as tarefas que a aborrecem;
d) Realiza mal e vagarosamente o trabalho, o que leva a um desempenho insatisfatório;
d) Muitas vezes, usa o tempo de trabalho para tarefas paralelas ou para a execução de assuntos pessoais, embora de modo discreto;
e) Entra em um estado de esgotamento físico e emocional pela ausência de estímulo (motivação) na execução de suas tarefas.

Acrescentemos ainda a essas características, o desânimo, ansiedade diária antes de ir ao trabalho e sofrimento, podendo levar à depressão.

Enfim, como afirmam Boeger e Calegari (2018), criamos e aprendemos mais, quando somos desafiados, nos sentimos motivados, confiantes e podemos questionar os 'porquês' e não somente os 'comos'. Quando isso não acontece, abrem-se os portões para a entrada triunfante da síndrome de *boreout.*

BURNOUT

A expressão *síndrome de burnout* foi também criada por Herbert J. Freudenberger, que foi um pioneiro na descrição dos sintomas da exaustão profissional, o que lhe permitiu descrever com precisão o conceito de *burnout*. Esta síndrome corresponde a um estado de exaustão extrema e insuportável, que impele a sintomas como ansiedade, sensação de impotência e desespero, em casos de intensidade máxima.

Burnout significa chama que se extingue, que se apaga aos poucos, até dissipar-se totalmente. É uma alusão ao esgotamento do indivíduo no trabalho, que se processa paulatinamente até à exaustão. Neste sentido, a síndrome de *burnout* consiste em uma reação à tensão emocional crônica suscitada pelo ambiente de trabalho, afetando particularmente profissionais que mantêm relações interpessoais diretas e constantes com outras pessoas.

Segundo a psicóloga norte-americana Christina Maslach, a síndrome de *burnout* é composta por três dimensões:

1) Exaustão profissional – Diz respeito à sensação de esgotamento, tanto físico quanto mental, e à redução de energia vital para as atividades do trabalho;
2) Despersonalização – Refere-se ao desenvolvimento de atitudes indiferentes ou cínicas diante de colegas de trabalho ou clientes. Ocorre ao mesmo tempo um grande distanciamento diante das pessoas, um aumento do silêncio; atitudes depreciativas e tentativa de culpar os outros pela própria frustração;
3) Reduzida realização pessoal – Relaciona-se à perda de confiança na competência pessoal e ao estabelecimento de um autoconceito negativo (e baixa autoestima).

De acordo com Maslach, o esgotamento emocional expressa a dimensão de tensão básica da síndrome de *burnout*;

a despersonalização manifesta o contexto interpessoal onde se desenvolve o trabalho do sujeito; a redução das conquistas pessoais revela a autoavaliação que a pessoa faz de seu desempenho ocupacional e pessoal.

A característica mais peculiar à síndrome de *burnout* é o estado de tensão emocional e estresse crônicos, provocado por condições de trabalho físicas e emocionais extenuantes, particularmente em trabalhadores que mantêm um relacionamento interpessoal direto, intenso e constante com clientes internos ou externos.

Os sintomas são semelhantes aos do *boreout*, todavia, se neste último o que predomina é o tédio, no *burnout* a predominância é a exaustão. Entre os sintomas mais comuns, além do esgotamento já citado, estão:

- Ansiedade – É o "estado emocional desagradável e apreensivo, suscitado pela suspeita ou previsão de um perigo para a integridade da pessoa" (CABRAL; NICK, p. 21). Expressa-se como um sentimento indefinido de preocupação ou medo, diante de algo desconhecido ou estranho.
- Cefaleia – É a dor de cabeça, localizada ou difusa e de intensidade variável.
- Palpitação – É a arritmia, isto é, uma alteração no ritmo cardíaco normal. É um distúrbio do batimento cardíaco, que causa a sensação de que o coração deixou de dar uma batida.
- Vontade de permanecer na cama, em hora de levantar-se – Trata-se da falta de disposição para se levantar, pela manhã. A pessoa percebe o corpo tão pesado, que seu desejo é permanecer sob a coberta.

- Sensação de cansaço e falta de energia – A pessoa sente-se fatigada e sem forças para realizar a contento as suas tarefas. Sente-se prostrada, com arrasadora fraqueza e falta de energia.
- Insônia – Torna-se cada vez mais difícil conciliar o sono, sendo vencida pela incapacidade de dormir.
- Mudanças bruscas de humor – Num momento, o indivíduo pode estar alegre, eufórico e, sem motivo aparente, de uma hora para outra, torna-se impertinente e mal humorado.
- Irritação constante – Mesmo que a pessoa fosse anteriormente jovial e acessível, agora mantém-se grande parte do tempo implicante e irritadiça.
- Busca de isolamento – Os contatos interpessoais deixam de ser prazerosos e gratificantes, de modo que o indivíduo, sempre que pode, afasta-se do intercâmbio com outras pessoas.
- Baixa produtividade e qualidade na execução das tarefas – O esgotamento, a falta de energia, o desequilíbrio das emoções levam a uma produtividade inferior à esperada, o mesmo ocorrendo com a qualidade do trabalho, que começa a despencar.
- Crises de asma – Com as crises de asma, aparece a dificuldade de respirar, a ardência no peito, a expectoração, enfim, sintomas que dificultam ainda mais o cumprimento das responsabilidades do trabalhador.
- Distúrbios grastrintestinais – Podemos elencar entre os distúrbios gastrintestinais, problemas digestivos como má digestão, refluxo, gastrite, úlcera,

pancreatite, gordura no fígado, gases e prisão de ventre, outros tantos obstáculos à produtividade e qualidade do trabalho.

- Baixa imunidade – A baixa imunidade do organismo predispõe à instalação de doenças infecciosas. Com o sistema imunológico em baixa, há diminuição das defesas do organismo contra parasitas, vírus, bactérias e fungos, que acabam provocando doenças frequentes.
- Sentimento de impotência diante dos obstáculos – Os problemas que surgem no dia a dia tomam para o profissional a aparência de obstáculos intransponíveis, dificultando ou impedindo a sua solução. Diante disso, desponta o sentimento de impotência, de incapacidade para resolver satisfatoriamente os transtornos e complicações que fazem parte do próprio trabalho.
- Lapso de memória – Ainda que a pessoa tenha uma boa memória, quando sob a ação da síndrome de *burnout*, passa a sofrer lapsos de memória, esquecendo-se de dados necessários ao bom cumprimento das suas atividades.
- Sentimento constante de fracasso e insegurança – Diante dos vários sintomas que o indivíduo esteja apresentando, a percepção que passa a ter do seu desempenho é de insucesso, de fracasso contínuo, o que gera intranquilidade e hesitação na execução das tarefas e nas tomadas de decisão.
- Dificuldade de concentração – A absorção plena das orientações e ordens recebidas e a manutenção

do foco no trabalho que esteja sendo desenvolvido ficam prejudicadas. A atenção torna-se dispersa, impedindo a aplicação das competências exigidas para a execução das tarefas.

- Pessimismo – Perante as situações negativas, próprias do processo de *burnout*, a pessoa tende a ter uma visão cética e derrotista da vida, o que fortalece ainda mais a sua sensação de esgotamento e falta de energia. Ela cai paulatinamente num pessimismo contumaz.
- Desespero – Na sensação de desespero, há um estado de profundo desânimo; a pessoa sente-se incapaz de qualquer ação. O desespero abriga a consciência de uma situação sem saída. Corresponde ao estado de desalento, desconsolo, desesperança, aflição e angústia.
- Baixa autoestima – Autoestima é o julgamento, a apreciação que cada um faz de si mesmo, sua capacidade de gostar de si. É a valorização que tem a seu próprio respeito ou a avaliação subjetiva que faz de si mesmo. A pessoa sob o impacto do *burnout*, pelos sintomas que esteja apresentando, tende a ter uma baixa autoestima, e não poderia ser diferente.
- Ausência no trabalho – O desprazer, o dissabor, a contrariedade que enfrenta todos os dias, faz com que o indivíduo procure afastar-se do ambiente laboral, de tal modo que podem ocorrer ausências do trabalho. Tais ausências, em certos casos, vão aumentando gradualmente, de modo que o

profissional acaba por ser demitido. A ausência no trabalho é uma consequência da situação frustrante vivida cotidianamente pela pessoa. Aqui, é preciso lembrar que a Organização Mundial da Saúde (OMS) reconhece a síndrome de *burnout* como uma doença ocupacional. Desse modo, quando diagnosticada por profissional competente, admite-se o afastamento no trabalho para o reestabelecimento do profissional.

Para prevenir ou gerir as síndromes de *boreout* e dc *burnout* – dizem Boeger e Calegari (2018, p. 29) – é preciso "eliminar da gestão a centralização do poder, o individualismo e o imediatismo". É preciso – acrescentamos – dar significado ao trabalho e focar não apenas a quantidade e qualidade dos produtos e serviços, mas igualmente prestigiar a qualidade de vida no trabalho.

Como ainda consideram Boeger e Caligari (2018, p. 27), "os novos paradigmas da liderança consideram, além dos aspectos materiais, os aspectos psíquicos, sociais e espirituais... Os valores morais e éticos, a capacidade de sentir empatia, o respeito e o acolhimento são atributos humanos e humanizadores das relações e compõem perfis de pessoas religiosas e não religiosas, na busca por uma socidedade equitativa". Com uma visão guarnecida do *viver em plenitude*, problemas como as síndromes de *boreout* e de *burnout* podem ser prevenidos e geridos de modo racional e humanista.

DEPRESSÃO 8

O escritor Roberto Hristos Ioannou, em seu livro "Mentes Estressadas", esclarece: "Considerada uma doença psíquica, a depressão é caracterizada por sintomas negativos, prejudicando e podendo até mesmo incapacitar a pessoa para estudar, viver em sociedade, divertir-se, cuidar da família e trabalhar" (2018, p. 27).

A depressão é considerada um transtorno do humor pelo CID-10 (Classificação Estatística Internacional de Doenças e Problemas Relacionados com a Saúde) e catalogada como "transtornos depressivos" pelo DSM-5 (Manual Diagnóstico e Estatístico de Transtornos Mentais).

Iniciemos, explicando a diferença entre tristeza e depressão, nas palavras do psiquiatra Ricardo Moreno (2018): "Tristeza é um fenômeno normal que faz parte da vida psicológica de todos nós. Depressão é um estado patológico. Existem diferenças bem demarcadas entre uma e outra. A tristeza tem duração limitada, enquanto a depressão costuma afetar a pessoa por mais de 15 dias. Podemos estar tristes porque alguma coisa negativa aconteceu em nossa vida, mas isso não nos impede de reagir com alegria, se algum estímulo agradável surgir. Além disso, a depressão provoca sintomas como desânimo e falta de interesse por qualquer atividade". É um transtorno que "prejudica o funcionamento psicológico, social e de trabalho. [...] A depressão é uma patologia que atinge os mediadores bioquímicos envolvidos na condução dos estímulos através dos neurônios, que possuem prolongamentos que não se tocam. Entre um e outro, há um espaço livre chamado sinapse, absolutamente fundamental para a troca de substâncias químicas, íons e correntes elétricas. Essas substâncias trocadas na transmissão do impulso entre os neurônios, os neurotransmissores, vão modular a passagem do estímulo representado por sinais elétricos. Na depressão, há um comprometimento dos neurotransmissores responsáveis pelo funcionamento normal do cérebro".

A palavra *depressão*, em termos físicos, é um abaixamento devido à pressão ou a um desnível no terreno, que pode levar à queda de um transeunte. Em termos de psicopatologia, também a depressão representa uma queda, uma queda emocional que conduz a sentimentos de angústia, desânimo, diminuição da energia vital e do tônus. Segundo a CID-10, os episódios depressivos são caracterizados pelo humor triste, bem como perda de interesse e de prazer nas atividades do cotidiano. A depressão também é uma das reações comuns ao estresse crônico. Cabral e Nick (1995, p. 83) a definem como "síndrome psicopatológica caracterizada por abatimento físico ou moral (tristeza, desolação, perda de interesse, perda de amor próprio), múltiplas queixas somáticas (insônia, fadiga, anorexia), atraso motor ou agitação e sentimentos de abdicação, que são frequentemente acompanhados de ideias agressivas (ou tentativas) de suicídio".

SINTOMAS DA DEPRESSÃO

São sintomas habitualmente associados à depressão:

- alteração nos padrões de sono: sono em excesso ou dificuldade para dormir ou insônia;
- alteração nos padrões de alimentação: comer em demasia ou muito pouco;
- ansiedade;
- apatia;
- autocrítica e autocensura exageradas;
- cansaço;
- dependência afetiva de outras pessoas;
- desânimo;
- desespero;
- dificuldade em manter a concentração;
- dificuldade em tomar decisões;
- dificuldade para dormir;
- diminuição da capacidade de memória;
- diminuição da clareza dos pensamentos e da capacidade de raciocínio lógico;
- excesso de sentimentos de culpa;
- falta de esperança pelo futuro;
- falta de interesse pela vida em geral;
- irritabilidade;
- isolamento social;
- mau humor;
- pessimismo;
- predisposição a fantasias destrutivas e persecutórias (mania de perseguição);

- tristeza;
- vontade de morrer.

Para complementar o diagnóstico existem ainda especificadores, que são extremamente úteis para melhor caracterização, acompanhamento e prognóstico de cada caso. Como exemplo, citamos os especificadores de gravidade da depressão:

- *Depressão Leve:* dois sintomas;
- *Depressão Moderada:* três sintomas;
- *Depressão Moderada a grave:* quatro ou cinco sintomas;
- *Depressão Grave:* quatro ou cinco sintomas, com agitação motora.

CLASSIFICAÇÃO DA DEPRESSÃO

Entre as modalidades de depressão, incluem-se:

- Depressão sazonal – refere-se à ocorrência do transtorno numa estação específica do ano, particularmente no inverno. Mas pode ocorrer em diferentes épocas do ano, sendo influenciada por fatores externos, como quantidade de luz, calor ou chuva e fatores internos, como a predisposição genética.

  Não se trata apenas de não gostar de uma determinada estação ou de um dado mês. Quem sofre de depressão sazonal pode ser tomado, por exemplo, por uma tristeza tão intensa e profunda, a ponto de não conseguir completar adequadamente as suas tarefas no trabalho, deixando-as muito abaixo de sua competência.

Entre os sintomas da depressão sazonal, podemos elencar: sono prolongado, com dificuldade para levantar-se da cama pela manhã e sem eliminar o cansaço; mudanças no humor: tristeza profunda, apatia, irritabilidade e baixa auto estima; aumento de apetite; alterações na energia e motivação; dificuldade de concentração na execução de tarefas rotineiras, fadiga, isolamento social e diminuição do impulso sexual.

Duas causas prováveis da depressão decorrente dos meses mais escuros pode ser o aumento da melatonina, hormônio que regula o sono e que é secretado no escuro; e a diminuição da serotonina, cuja produção aumenta, quando há exposição à luz brilhante.

A depressão sazonal pode afetar pessoas, cujo trabalho diário é realizado em ambiente com pouca luminosidade e doentes que passam os dias internados no interior da casa, por doença.

- Depressão Pós-Parto – Como o título sugere, a depressão pós-parto ocorre posteriormente ao parto. Entre os sintomas, se acham tristeza e desesperança. Há mães que, após seu primeiro parto, vivenciam alterações de humor e crises de choro, que logo se extinguem. Isso ocorre principalmente em consequência das alterações hormonais próprias do término da gravidez. Todavia, há mães que passam por esses sintomas com mais veemência, resultando em depressão pós-parto. Em casos mais raros, pode verificar-se um tipo grave de depressão pós-parto, denominada psicose pós-parto.

A causa mais comum de depressão pós-parto é a queda dos níveis hormonais durante a gestação. A diminuição brusca de hormônios pode ocasionar a reação depressiva da mãe. Também nesta fase posterior ao parto, chamada de puerpério, podem ocorrer baixa da autoestima, desencorajamento para a efetuação das tarefas rotineiras, tendência ao suicídio, abandono e, em outros casos, tentativa ou mesmo execução do filicídio (assassinato do próprio filho). Outros sintomas podem ser: irritabilidade, sentimentos de desamparo, desinteresse sexual, transtornos alimentares e do sono, ansiedade e sentimentos de incapacidade de lidar com situações novas.

Sabe-se hoje que a depressão pós-parto não é exclusiva das mães, podendo também afetar os pais.

Augusto Goldoni (2016, p. 84-87) ainda acrescenta outras formas de manifestação da depressão:

a) <u>Depressão reativa</u> – desencadeada por alguma circunstância ou fato traumático ou por altos níveis de estresse. Normalmente, eliminado o fator estressor, desaparecem os sintomas da depressão. Já os casos de estresse pós-traumático mantêm-se por um período de tempo maior;

b) <u>Depressão bipolar</u> – a sua característica básica é o rodízio cíclico das fases extremas de mania e depressão. *Mania* é caracterizada por um estado de intensa euforia, havendo aumento de energia, agitação, inquietação, mania de grandeza, menor necessidade de sono;

a pessoa se sente mais ativa e feliz que de costume. A fase seguinte é a depressão, em que predominam a irritação, a perda da autoestima, sentimentos de fracasso e de impotência, e isolamento. Tanto os sintomas da mania como da depressão são exagerados, variando de um extremo a outro com facilidade. Pode também haver entre eles um período de estabilidade. São sintomas básicos:

› Fase maníaca – distrair-se facilmente, redução da necessidade de sono, aumento de energia, hiperatividade, compulsão alimentar, bebida em demasia e/ou uso de drogas; capacidade de discernimento diminuída, baixo controle do temperamento, relações sexuais com muitos parceiros, gastos excessivos, autoestima muito alta (além da realidade), irritação. Esta fase pode ter a duração de dias e até mesmo meses.

› Fase depressiva – desânimo diário ou tristeza, fadiga ou falta de energia, perda de apetite e perda de peso ou comer excessivamente e ganho de peso, dificuldade de se concentrar, de lembrar ou de tomar decisões, perda de interesse nas atividades que antes eram prazerosas, sentir-se inútil, sem esperança ou culpado, baixa autoestima, problemas para dormir ou excesso de sono, isolamento, pensamentos sobre morte e suicídio.

Em certos casos, as duas fases se justapõem. Assim, os sintomas maníacos e depressivos podem manifestar-se juntos ou rapidamente um após o outro; é o que se chama estado misto.

c) Depressão unipolar – também chamada depressão simples, diferentemente da depressão bipolar, em que fases de depressão e mania (euforia) estão presentes, a depressão unipolar configura-se pela presença única da fase depressiva. Os seus sintomas básicos são: tristeza patológica e humor deprimido, caracterizado por tristeza intensa, profunda e duradoura e anedonia, que se expressa pela perda da capacidade de sentir qualquer tipo de prazer por todo o tempo. Outros sintomas: autoimagem negativa, baixa autoestima, sentimento de culpa e de inutilidade, sensação de desamparo ou até desespero, alterações no ritmo do sono, somatização, que causa perda de apetite, diminuição do desejo sexual, lentidão e flacidez corporal, cansaço em excesso, perda de interesse pela vida e pelas coisas em geral, apatia, dificuldade de raciocínio, dificuldade de relacionamento interpessoal e até mesmo isolamento social, enfim, sintomas comuns a diversos tipos de depressão.

d) Depressão crônica – Trata-se da depressão prolongada, duradoura. A pessoa manifesta os sintomas da depressão por longos períodos de tempo. Outro modo de se apresentar é permanecer por período curto, porém de grande intensidade de sintomas, que se repetem com certa constância.

e) Depressão Endógena – Aquela em que o motivo da depressão pode ser considerado predominantemente orgânico, resultante de alterações bioquímicas no cérebro. Ainda que a principal causa esteja na natureza física da pessoa (habitualmente de origem genética, portanto, transmitida por hereditariedade), não se deve desdenhar a influência de fatores psicológicos e ambientais na formação do conjunto de sistemas.

f) Depressão Senil – A depressão é um transtorno mental que pode surgir em qualquer momento da vida de uma pessoa. Desse modo, pode ocorrer também em idosos. De acordo com Ballone e Moura (2006), a depressão nos idosos acontece pela interação de quatro fatores: ambientais, constitucionais, biológicos e de suporte social.

› *Fatores ambientais* – dizem respeito às questões vitais negativas, como limitações próprias da idade avançada e perdas significativas. Cremos que tais perdas abrangem tanto pessoas como dinheiro, status, posses e poder.

› *Fatores constitucionais* – referem-se à constituição física debilitada do idoso. Constituição física é o conjunto dos caracteres anatômicos e funcionais de um indivíduo. Os elementos constitucionais são as propensões genéticas ao desenvolvimento da depressão, assim como os traços de personalidade, carregados de marcante ansiedade, como o pessimismo, o desânimo, a desesperança e até o desespero.

- *Fatores biológicos* – Reportam-se às doenças físicas, com a decorrente incapacitação para as atividades rotineiras ou não do cotidiano. Desse modo, a biologia do envelhecimento contribui para a eclosão da depressão.
- *Fatores de suporte social* – Aqui se incluem a finalização da vida profissional, com a perda do espaço ocupacional (preenchido pelos mais jovens), o declínio das rendas e o isolamento social.

Quando a pessoa nota o início da sua incapacidade, tem lugar intenso estresse pelas mudanças negativas do seu estilo de vida. Entre essas mudanças, contam-se a dor, a imobilidade, a ansiedade, a necessidade de hospitalização duradoura, a demora da reabilitação, a ampliação dos eventos vitais negativos (separação de entes queridos, perdas materiais, sociais), a baixa autoestima, as restrições das atividades sociais e as relações interpessoais dificultadas.

A depressão senil é decorrente da interação destes quatro fatores, principalmente quando não se tem uma visão integral do ser humano, quando não se clarificou o sentido da vida e quando, na dicotomia espírito-matéria, o valor maior – se não total – é dado à dimensão material da vida.

Entre os sintomas mais comuns da depressão senil, estão: inquietação psicomotora, somatizações, sinais de alterações vegetativas, perda de energia, exaustão física, baixa autoestima, sentimento de abandono, e dependência, eventuais sintomas psicóticos, déficit cognitivo variável, ideias de suicídio, o próprio suicídio, abatimento moral, pessimismo e, em certos casos, desespero. Segundo Ballone e Moura, em menor escala podem ocorrer alterações do sono, alterações do apetite, reconhecimento dos sintomas psiquiátricos, perda de energia, sensação de culpa, tristeza subjetiva, diminuição da concentração e pensamentos sobre a morte.

Quando envoltos pela depressão, "precisamos buscar o significado mais profundo do que nos está acontecendo. Viktor Frankl escreve que, se pudermos descobrir *por que* algo nos acontece, poderemos suportar o *como*" (PADOVANI, 2014, p. 85). Para os cristãos, por exemplo, Cristo, acima de tudo, confere significado à existência. Contudo, cabe a cada um descobrir esse significado. "Quando descobrimos o significado, sustentamos a nossa esperança; vivenciamos a cura e mobilizamos nossa vida para um mundo que talvez nunca tenhamos percebido que existisse ou que talvez não quiséssemos que existisse" – conclui Padovani. Descobrir, pois, o significado da vida possibilita a saída desse estado de prostração que acomete o depressivo, pois ele deixa de sentir-se vítima de uma situação e passa a viver ativamente, tendo por foco o sentido que encontrou e que transcende o momento vivenciado por ele. Quanto mais a pessoa deprimida deixa de voltar-se exclusivamente para o seu sofrimento e abre-se para o exterior, para o próximo, mais possibilidade tem de superar o seu transtorno.

A inclusão deste capítulo é decorrente da constatação de que um dos fatores antecedentes da depressão é o estresse crônico. Quando se trata adequadamente do estresse, previne-se contra a instalação da depressão e dos males e desordens que a acompanham.

EFEITOS DO ESTRESSE

9

O modo como enfrentamos as diferentes situações da vida é que pode provocar o estresse. Mas, quando ele já está instalado, a que pode levar? Quais as suas consequências? Apresentamos, a seguir, alguns dos efeitos que podem ser provocados pelo estresse, com a finalidade de alertar para a sua prevenção, como também para a sua gestão.

CONSEQUÊNCIAS FÍSICAS / FISIOLÓGICAS

- Dores de cabeça constantes; enxaqueca;
- Perda excessiva de cabelo, alopecia, calvície;
- Gastrite, úlceras no estômago;
- Intestino irritável, diarreia, constipação;
- Problemas na pele (psoríase, urticária, acne, prurido cutâneo);
- Doenças cardiovasculares (taquicardia, hipertensão, ataque cardíaco, acidente vascular cerebral);
- Agravamento das condições de asma, falta de ar;
- Estômago inchado, cólicas, aumento de ácidos estomacais;

- Dores nos músculos dos ombros e pescoço, dores músculo-esqueléticas, espasmos musculares;
- Ranger de dentes, tremores;
- Alergias;
- Enfraquecimento do sistema imunológico, resultando no desencadeamento ou agravamento de enfermidades autoimunes;
- Úlceras na boca, secura excessiva;
- Mãos frias, transpiração exagerada nas mãos e pés;
- Transtornos alimentares, como anorexia, compulsão alimentar, com aumento de peso;
- Desencadeamento ou agravamento do diabetes;
- Ressecamento da pele, com o aparecimento de sinais de envelhecimento;
- Problemas de fertilidade;
- Desequilíbrios hormonais, redução do fluxo sanguíneo, com consequências negativas para a pele, o cabelo e os dentes.

CONSEQUÊNCIAS MENTAIS / EMOCIONAIS / SOCIAIS

- Ansiedade, medo;
- Irritabilidade;
- Apatia;
- Sentimento de insegurança;
- Sentimento de fracasso;
- Dificuldade de concentração;
- Desatenção;

- Fobias;
- Impaciência;
- Insônia, hipersonia;
- Alterações frequentes de humor;
- Sentimento de solidão, isolamento;
- Sentimento de infelicidade;
- Pessimismo;
- Choro fácil;
- Baixa libido;
- Baixa autoestima;
- Dificuldade de memorização;
- Sensação de sobrecarga;
- Busca inadequada de redução da ansiedade e tensão, com a consequente viciação em alimentos, drogas lícitas e/ou ilícitas, remédios, jogos de azar, videogames;
- Dificuldade para relaxar;
- Dificuldade para tomar decisões, em certos casos, até mesmo as mais simples;
- Dificuldades no relacionamento interpessoal (conduta submissa, conduta agressiva);
- Desavenças, discussões acaloradas, dissensões;
- Preocupação excessiva constante;
- Raciocínio confuso;
- Indecisão;
- Inquietude, agitação;
- Comportamento propenso a acidentes;
- Visão distorcida da realidade;
- Depressão.

É claro que a pessoa que sofre com o estresse não apresenta todas estas consequências, mas apenas algumas delas. Também tais consequências dependem do fato de o estresse ser agudo ou crônico, assim como dependem igualmente do nível (leve, moderado, severo, muito severo) e da fase em que se encontre. Como já explicamos, Hans Selye aponta três fases de ocorrência do estresse, todavia, hoje, há estudiosos que classificam o estresse em quatro fases, instaurando o *modelo quadrifásico do estresse*:

1. **Estado de Alerta:** Quando o corpo reconhece o fator estressante e é colocado em estado de alarme geral, ativando o sistema de defesa. Esta é a fase boa do estresse e quando produzimos adrenalina que nos fornece energia e vigor, prontos para e nos tornamos aptos a despender grande quantidade dessa energia, se tivermos de enfrentar uma emergência (LIPP, 2013).
2. **Resistência ou Adaptação:** Nesta fase, o organismo repara os danos causados pelo alarme, reduzindo os níveis hormonais. É a etapa em que a pessoa busca resistir ao estresse. "Esta fase pode ser extremamente perigosa, pois, ao contrário do que ocorre com a primeira, normalmente ela é silenciosa e não emite sinais de alerta" (GOLDONI, 2016, p. 28).
3. **Quase-Exaustão:** Aqui, a tentativa de resistência realizada na segunda fase, já quase não é eficaz e as defesas do corpo começam a falhar. A pessoa não consegue resistir ou se adaptar. É quando o organismo começa a sofrer um colapso gradual.
4. **Exaustão:** As energias chegam ao fim e o organismo entra em colapso. Nesta última fase, pode haver

tanto exaustão psicológica, em forma de depressão, como exaustão física, em forma de doenças orgânicas. A continuidade da situação, em casos extremos, pode levar à morte.

Apresentamos anteriormente as consequências gerais do estresse e o fazemos agora, de forma sintética, de acordo com cada uma das quatro fases. Utilizamos, para isso, as anotações da psicóloga especialista em estresse, Marilda Lipp, fundadora do Instituto de Psicologia e Controle do Stress (2013):

➔ ***Fase de Alerta***

- Sono: Dificuldade em dormir muito acentuada devido à adrenalina.
- Sexo: Libido alta. Muita energia. O sexo ajuda a relaxar.
- Trabalho: Grande produtividade e criatividade. Pode varar a noite sem dificuldade.
- Corpo: Tenso. Músculos retesados. No inicio da fase, aparece a taquicardia (coração disparado). Sudorese. Sem fome e sem sono. Mandíbula tensa. Respiração mais ofegante do que o normal. No todo, o organismo reage em uma perfeita união entre mente e corpo. A tensão do corpo encontra correspondência na mente.
- Humor: Eufórico. Pode ter grande irritabilidade devido à tensão física e mental experimentada ou grande alegria diante de algo przeroso.

Em variadas situações, esta fase representa o eutresse, o bom estresse.

➔ ***Fase de Resistência***

- Sono: Normalizado.
- Sexo: A libido (vontade de ter sexo) começa a baixar. Pouca energia. O sexo não apresenta interesse.
- Trabalho: A produtividade e a criatividade voltam ao usual, mas às vezes não consegue ter novas ideias.
- Corpo: Cansado, mesmo tendo dormido bem. O esforço de resistir ao estresse se manifesta em uma certa sensação de cansaço. A memória começa a falhar. Mesmo não estando com alguma doença, o organismo se sente "doente".
- Humor: Cansado. Só se preocupa com a fonte de seu estresse. Repete o mesmo assunto e se torna tedioso.

➔ ***Fase de Quase-Exaustão***

- Sono: Insônia. Acorda muito cedo e não consegue voltar a dormir.
- Sexo: A libido quase desaparece. A energia para o sexo está sendo usada na luta contra o estresse e a pessoa perde o interesse.
- Trabalho: A produtividade e a criatividade caem dramaticamente. Consegue somente dar conta da rotina, mas não cria nem tem ideias originais.
- Corpo: Cansado. Uma sensação de desgaste aparece. A memória é muito afetada e a pessoa esquece fatos corriqueiros, até mesmo o número do seu

próprio telefone. Doenças começam a surgir. As mulheres apresentam dificuldades na área ginecológica. Todo o organismo se sente mal. Ansiedade passa a ser sentida quase que todo dia.

- Humor: A vida começa a perder o brilho. Não acha graça nas coisas. Não quer socializar. Não sente vontade de aceitar convites ou de convidar. Considera tudo muito sem graça e as pessoas tediosas.

➔ ***Fase de Exaustão***

- Sono: Dorme pouco. Acorda muito cedo e não se sente revigorado pelo sono.
- Sexo: A libido (vontade de ter sexo) desaparece quase que completamente.
- Trabalho: Não consegue mais trabalhar como normalmente. Não produz. Não consegue se concentrar nem decidir. O trabalho perde o interesse.
- Corpo: Desgastado e cansado. Doenças graves podem ocorrer, como depressão, úlceras, pressão alta, diabetes, enfarte, câncer etc. Não há mais como resistir ao estresse. A batalha foi perdida. A pessoa necessita de ajuda médica e psicológica para se recuperar. Em casos mais graves, pode ocorrer a morte.
- Humor: Não socializa. Foge dos amigos. Não vai a festas. Perde o senso de humor. Fica apático. Muitas pessoas têm vontade de morrer.

Nosso escopo, ao apresentar as diversificadas consequências do estresse foi no sentido de alertar para os cuidados que se deve ter, primeiramente para prevenir-se e, quando já instalado, para controlá-lo.

A partir desses múltiplos e indesejáveis efeitos a que leva a instalação do estresse, conseguimos avaliar o cuidado que devemos ter, para continuar com uma vida de qualidade elevada a que todo ser humano aspira.

ESTRESSE PÓS-TRAUMÁTICO 10

Luciana, senhora de 40 anos, contou-me, num curso de relaxamento psicossomático, que, ao conseguir a sua carteira de habilitação, anos atrás, ganhara como presente do marido um carro popular. Mesmo tendo alcançado bom desempenho nas aulas práticas da autoescola, faltava-lhe experiência no trânsito. Todavia, justamente para ganhar a perícia que não tinha, resolveu visitar uma amiga num outro bairro.

Saiu de casa um tanto temerosa, mas resoluta a percorrer todo o trajeto com muito cuidado. Tudo estava indo bem, mas, numa ladeira, quando iniciava a descida, o carro fugiu do seu controle. Não conseguiu frear e o automóvel bateu violentamente no carro da frente, cujo motorista aguardava a abertura do semáforo. O resultado da colisão foi uma fratura no pescoço e os dois automóveis danificados. Para Luciana, o mundo viera abaixo. Mais tarde, quando relatava o acidente aos amigos, costumava dizer: "Foi o ponto final de toda minha vida. Foi o inferno!".

A partir daí, Luciana começou a ter pensamentos recorrentes do acidente, acompanhados de sudorese, tremores, taquicardia e pesadelos, cujo tema era sempre uma colisão de um automóvel, que ela estava dirigindo.

A situação perdurou por mais de seis meses, quando resolveu pedir ajuda profissional. Passou a tomar ansiolíticos e foi aconselhada pelo psiquiatra a procurar um psicólogo clínico. Tendo passado por terapia cognitivo-comportamental, conseguiu, depois de algum tempo, voltar a andar de automóvel, primeiro, como passageira e, mais tarde, como motorista, após novo curso de habilitação.

Este caso é uma clara ilustração do transtorno do estresse pós-traumático (TEPT), com final feliz. O estresse pós-traumático é uma patologia ocasionada por forte experiência traumática ou ato violento, em que a pessoa foi vítima ou testemunha, e que representa uma ameaça de forma violenta ou acidental. O "agente estressor deve ser suficientemente forte, assim como ameaçador à sua vida e à sua integridade ou à vida de outras pessoas" (BARBOSA SILVA, 2011, p. 118).

Como transtorno de ansiedade, o estresse pós-traumático é caracterizado por um conjunto de sinais e sintomas físicos, psíquicos e emocionais. Quando a pessoa relembra o evento estressor, revive o episódio como se estivesse acontecendo naquele exato momento e com a mesma sensação de dor e sofrimento.

Os principais sintomas do estresse pós-traumático podem ser divididos em três áreas:

SINTOMAS DE REVIVÊNCIA DO TRAUMA

Correspondem à revivescência do evento traumático, expressa como:

- Lembranças intrusivas – Imagens do evento estressor surgem de modo involuntário, espontâneo e de forma recorrente. Isto pode acontecer até mesmo quando a pessoa esteja em momento de lazer.

- *Flashbacks* – Assemelham-se ao estar sonhando acordado. Toda a sequência do acontecimento traumático passa pela mente como se fosse um filme, carregada de angústia, dor, sofrimento e tensão. Há casos em que o indivíduo traumatizado reage como se tudo estivesse acontecendo naquele momento. Lembramo-nos do caso de um senhor, que participara da Segunda Guerra Mundial e que, ao voltar para o Brasil, por certo tempo, toda vez que passava um avião nos céus, ele sentia o ímpeto de se jogar no chão, como se estive diante de um ataque aéreo.
- Reatividade fisiológica – Neste caso, o organismo reage fisiologicamente de modo autônomo, sempre que a pessoa está diante de um estímulo que leva à mesma sensação que teve diante do acontecimento traumático. É a situação, por exemplo, do operador de caixa que tenha sido assaltado violentamente por um homem alto, de bigode espesso e, nesse momento, tenha sentido uma dor muito forte na cabeça. Basta que, na fila dos pagantes, surja um homem com essas características, que o operador de caixa sente a mesma pontada lancinante na cabeça.
- Pesadelos recorrentes – Há pessoas dominadas pelo estresse pós-traumático, que sonham inúmeras vezes com situações muito semelhantes àquela suscitada pelo estressor.

- Sofrimento psicológico – Ocorre sempre que a vítima do estresse pós-traumático se recorda da experiência traumática e passa a ter os mesmos sentimentos intensos vividos àquela época, tais como ansiedade, angústia, dor, medo, tensão e desespero.

SINTOMAS DE HIPERESTIMULAÇÃO

Dizem respeito à reação excessiva diante dos estímulos que se apresentam no dia a dia, expressa como:

- Sobressalto exagerado – Qualquer estímulo, ainda que irrelevante, pode causar uma reação exagerada, em desproporção com a sua natureza. Ex.: Uma pessoa está almoçando. Uma outra, na sala ao lado, rasga uma folha de jornal. A que está almoçando dá um grande salto, com um grito súbito, derrubando a cadeira.
- Irritabilidade e alteração de humor constante – Durante o dia, a pessoa passa por muitos momentos de irritação, alterando o seu estado de espírito, que ora está tranquilo, ora impertinente, agressivo, deprimido, sem justificativa aparente.
- Insônia persistente – Modifica-se o costumeiro período de sono da pessoa, que passa a dormir pouco ou a deteriorar a qualidade do sono.
- Hipervigilância – O sujeito passa por um estado constante de tensão, de guarda, de alerta, mesmo num ambiente de descontração.
- Dificuldade de concentração – Torna-se muito difícil concentrar-se, mantendo o foco numa determinada tarefa.

- Perda de memória – Mesmo que o indivíduo tivesse anteriormente boa memória, agora esta lhe escapa, impedindo-o de lembrar-se de dados, que antes conservava e de que se valia sem esforço.

SINTOMAS DE ENTORPECIMENTO

Trata-se do entorpecimento ou torpor emocional, que passa a tomar conta da pessoa. Envolve:

- Isolamento social – Afastamento das pessoas, com reclusão voluntária no próprio lar.
- Desinteresse – Perde-se o interesse por atividades habituais, quais sejam trabalhar, fazer compras, estudar, participar de atividades esportivas, praticar ginástica, desenvolver hobbies, almoçar ou jantar com amigos, viajar etc.
- Afeto restrito – A afeição pelos entes queridos começa a diminuir. O indivíduo passa a desvincular-se emotivamente de pessoas e eventos, como uma forma de defender-se contra novos sofrimentos.
- Distanciamento – A pessoa procura manter distância de pessoas, lugares e atividades que possam estar associados ao trauma.
- Amnésia seletiva – Recordações do evento traumático ou de partes dele apagam-se da memória da pessoa, que não consegue se recordar da cena de violência que viveu.
- Sentimento de futuro abreviado – A pessoa passa a sentir que poderá morrer a qualquer momento, particularmente se correu risco de morte, durante

o evento traumático. Isso faz com que deixe de planejar o futuro, atendo-se apenas a planos de curto prazo, podendo, no máximo chegar aos de médio prazo.

- Transtorno de ansiedade – Pode também ocorrer de o indivíduo desenvolver depressão e síndrome do pânico. Já abordamos a depressão anteriormente. A síndrome do pânico é um transtorno mental, caracterizado por estados de extrema tensão e ansiedade, inesperados e repetidos. Expressa-se também por crises intensas de medo e desespero, que provocam mal-estar físico, tal como falta de ar, taquicardia, sudorese, tontura, fraqueza, dispneia, ondas de calor ou calafrio, desconforto abdominal, náusea, vertigem, tremores, visão embaçada e sensação de desmaio, entre outros sintomas.

Entre os sintomas emocionais e cognitivos, podem estar presentes: medo generalizado, preocupação excessiva, desrealização (sensação de que o mundo é irreal), pensamentos negativos, dificuldades para tomar decisões, concentrar-se e pensar.

Entre os sintomas de cunho comportamental, podemos incluir: evitar situações de trânsito intenso, inquietação, insônia e medo de fazer coisas habituais, como sair de casa, ir ao cinema ou teatro, passear com o cão, dirigir, ir a locais como praças públicas e calçadões, e fazer compras na feira, supermercado ou *shopping center*.

O paciente com síndrome do pânico pode ainda "sentir-se bastante confuso, não conseguir concentrar-se, apresentar dificuldade para falar e comprometimento da memória. Pode também experimentar depressão ou despersonalização (impressão de que se é estranho a si mesmo), durante o ataque de pânico. Esse dura de 20 a 30 minutos, em média" (SCHUBERT, 2012, p. 49). Acrescenta a autora: "O paciente com transtorno de pânico pode desenvolver agorafobia (medo mórbido de se achar sozinho em grandes espaços abertos ou de atravessar lugares públicos), o que o leva a recusar-se a sair à rua, fechando-se dentro de casa. Via de regra, a agorafobia está associada ao pânico, pois o paciente passa a evitar sair da segurança do seu lar, com medo de um ataque. Alguns conseguem sair de casa, desde que em companhia de outra pessoa".

Alerta Goldoni (2016, p. 104) que, para o transtorno de estresse pós-traumático (TEPT) ser caracterizado, "é necessária a manifestação de pelo menos um sintoma em cada categoria descrita e que este perdure por um período maior do que quatro semanas, atrapalhando a vida do indivíduo, ou seja, tornando-o inapto (desadaptado) a executar as tarefas do dia a dia e a ter uma vida *normal*". As categorias descritas por ele são as apresentadas aqui anteriormente: sintomas de revivência do trauma, sintomas de hiperestimulação e sintomas de entorpecimento.

SÍNDROME DO PENSAMENTO ACELERADO (SPA) 11

O psiquiatra Augusto Cury cunhou a expressão "síndrome do pensamento acelerado", que significa uma hiper-construção de pensamentos, numa velocidade tão alta que estressa e desgasta o cérebro. Resulta do excesso de atividades e de estímulos sociais a que somos submetidos diariamente. Como tal, impede o desenvolvimento das funções da inteligência, como refletir antes de reagir, expor e não impor ideias, exercer a resiliência e colocar-se no lugar do outro.

Na síndrome do pensamento acelerado, a mente fica saturada de pensamentos, durante o tempo de vigília do indivíduo, tolhendo a concentração, aumentando a ansiedade e consumindo a saúde física e mental.

Como diz o próprio Cury (2014, p. 17): "Sem perceber, a sociedade moderna – consumista, rápida e estressante – alterou algo que deveria ser inviolável, o ritmo de construção de pensamentos, gerando consequências muito sérias para a saúde emocional, o prazer de viver, o desenvolvimento da inteligência, a criatividade e a sustentabilidade das relações sociais".

SINTOMAS DA SÍNDROME DO PENSAMENTO ACELERADO

O ritmo vertiginoso das metrópoles, com uma quantidade diária excessiva de informações e dados nem sempre necessários, acomete a saúde emocional de grande parte da população. Entre os sintomas observados, acham-se:

- <u>Sensação de estar sendo aniquilado pela rotina</u> – Tem-se a impressão de que o tempo diário é insuficiente para a execução adequada de todas as tarefas previstas para aquele dia.
- <u>Apreensão</u> – Passa-se o tempo com inquietação, ansiedade, angústia. As atividades rotineiras são permeadas de preocupação, receio, temor.
- <u>Falta de memória</u> – Lapsos de memória podem ocorrer, mesmo para as atividades habituais da pessoa afetada.
- <u>Déficit de atenção</u> – O indivíduo distrai-se, perdendo o foco relativo àquilo que está realizando, sentindo grande dificuldade de concentração.
- <u>Irritabilidade</u> – A pessoa passa a ter mudança de humor repentina, tornando-se irritadiça e perdendo a paciência diante de situações banais do cotidiano. O azedume e o mau humor tornam-se comuns nas suas reações diante das pessoas e dos problemas.
- <u>Sono alterado</u> – O sono alterado manifesta-se pela insônia nos momentos propícios ao descanso noturno e sonolência durante o dia, em meio às tarefas do trabalho. A alteração do sono torna-o de má qualidade para a saúde.

- Cansaço mental e físico – A tensão emocional reflete-se no corpo, que passa a ter os músculos rígidos, retesados, levando à rigidez física e ao cansaço mental.
- Dificuldade para desacelerar os pensamentos e relaxar – O fluxo acelerado dos pensamentos torna-se uma espécie de enxurrada de ideias, difícil de ser contida. Com isso, ocorre também a relutância em relaxar, em encontrar e manter a serenidade.
- Sofrimento antecipado – Mesmo que um acontecimento desagradável não esteja ocorrendo, o indivíduo começa a sofrer, como se ele já fosse um fato incontestável. É possível que nem aconteça o que está na mente da pessoa, mas ela passa por toda aflição e amargura, correspondentes a essa possibilidade indesejada.
- Intolerância ao ser contrariado – As mudanças de humor repentinas trazem consigo a intolerância diante de ideias que sejam diferentes daquelas alimentadas pela pessoa. A intolerância faz com que a pessoa se torne rígida, austera e inflexível.

CAUSAS DA SÍNDROME DO PENSAMENTO ACELERADO

Cury (2016, p. 54-60) salienta que uma mente hiperpensante é uma das maiores causas do esgotamento cerebral. Entre as causas da síndrome do pensamento acelerado, ele aponta quatro fundamentais:

a) Excesso de informações – Se, no passado, a quantidade de dados recebidos por uma pessoa dobrava a cada duzentos anos, hoje dobra a cada ano. Isto significa que recebemos diariamente uma quantidade desmedida de informações. Esse excesso de dados sobrecarrega a mente, que se torna hiperpensante, agitada, com baixo nível de tolerância, impaciente e sem criatividade.

b) Excesso de preocupações – A preocupação em excesso é um estado de espírito de apreensão, inquietação, desassossego, angústia e medo diante da possibilidade de uma ocorrência futura indesejada. Diz Cury (2016, p. 57): "Devemos pensar no amanhã apenas a fim de desenvolver estratégias para superar conflitos ou solucionar problemas. Velar fatos antes de eles acontecerem é uma agressão ao território da emoção".

c) Excesso de trabalho intelectual – O trabalho intelectual demasiado é fortemente estressante. "Atividades como escrever, analisar, julgar, pesquisar, debater ideias, ensinar, trabalhar em equipe, elaborar estratégias, gerir pessoas, atender pessoas em conflitos, cumprir metas podem consumir mais energia cerebral do que a atividade de dez trabalhadores braçais juntos" (CURY, 2016, p. 58).

Quando o cérebro é exposto a um trabalho intelectual excessivo, permanece sempre em alerta. As pessoas que passam por isso costumam apresentar sintomas psicossomáticos, como hipertensão, taquicardia, dores musculares, dores de cabeça, cansaço ao amanhecer e esquecimento. Daí o fato de a pessoa que tem um trabalho intelectual intenso necessitar de cuidado intensificado com a saúde mental.

d) Excesso de uso de *smartphones* e redes sociais – Vivemos a era dos relacionamentos virtuais. Os usuários podem estabelecer contatos com centenas, milhares e até milhões de pessoas. Isso pode parecer um enorme passo na socialização e na expressão da afetividade. Entretanto, as mensagens trocadas entre as pessoas são, em geral, rápidas e superficiais, sem um conhecimento mútuo profundo. "Estamos vivendo o cárcere da solidão em meio à multidão, ao ufanismo das redes sociais" – diz Augusto Cury (2016, p. 60). E complementa: "Estamos na era dos mendigos emocionais, dos seres humanos que moram em bons apartamentos e boas casas, mas que mendigam o pão da alegria, da tranquilidade e da interiorização". Cada um pode ter suas redes sociais, mas tem também de entrar em camadas mais profundas da mente. No controle do estresse, precisamos da autodescoberta, do gerenciamento de nossa emoção. Precisamos, na verdade, de nos conhecer, como propunha Sócrates na Antiguidade grega, afastando-nos da avalanche excessiva de mensagens superficiais, estéreis e inúteis, para estabelecer verdadeiras amizades e para ter um conhecimento profundo do nosso íntimo.

CONSEQUÊNCIAS DA SÍNDROME DO PENSAMENTO ACELERADO

Entre as graves consequências dessa síndrome, apontamos, como o faz Augusto Cury:

a) Envelhecimento precoce da emoção – Quando aceleramos demasiadamente os pensamentos, há uma privação da qualidade, estabilidade e profundidade da emoção, que Cury denomina envelhecimento da mente. A mente hiperpensante, ao envelhecer a emoção, cria um estado desconfortável, que se caracteriza por: reclamação constante, irritabilidade diante de imprevistos, impaciência com quem não pensa do mesmo modo ou não tem o mesmo ritmo, carência de motivação, falta de disciplina para perseguir os sonhos, dificuldade de desfrutar o próprio sucesso, impaciência (quer tudo na hora), falta de ânimo para levantar-se e recomeçar, depois da queda . O sintoma mais evidente de uma emoção envelhecida é criticar os outros.

b) Imaturidade emocional – A maturidade emocional nos permite tomar decisões com equilíbrio entre a dimensão emocional e a dimensão racional. Já a imaturidade emocional carrega em seu interior necessidades neuróticas: de poder, de não saber lidar com limites, de estar sempre certo, de controlar os outros, de ser o centro das atenções e de querer tudo rápido. Também o egocentrismo, o egoísmo e o individualismo são sintomas de imaturidade emocional.

   Por outro lado, o indivíduo com maturidade emocional tem empatia (consegue colocar-se emocionalmente no lugar do outro), é altruísta, eleva a sua autoestima, promove os outros, abrindo-se para um relacionamento harmonioso e produtivo.

c) Morte precoce do tempo emocional – Assim como existe um tempo cronológico, há igualmente um tempo psicológico ou emocional. O tempo cronológico é objetivo, com duração idêntica em qualquer lugar. É o tempo do relógio. Já o tempo emocional é subjetivo, variando de pessoa para pessoa e de circunstância para circunstância. Vamos a um exemplo: Quando estamos realizando algo enfadonho, desagradável, cansativo parece que as horas se arrastam, o tempo não passa. E quando estamos entretidos com uma atividade prazerosa, divertida, agradável, as horas parecem passar muito rapidamente. Em termos de tempo cronológico, a duração das duas atividades pode ser a mesma, todavia, a percepção que temos delas é bem diferente.

De acordo com Augusto Cury (2014, p. 126), uma das mais graves consequências da síndrome do pensamento acelerado é a morte precoce da percepção do tempo. Considera ele: "A síndrome do pensamento acelerado nos leva a viver uma vida tão rápido em nossa mente, que distorce nossa percepção do tempo. Vivemos mais tempo biologicamente, mas morremos mais cedo emocionalmente. Oitenta anos hoje passam mais rápido que vinte anos no passado. A medicina prolongou a vida e o sistema social contraiu o tempo emocional". Estamos tão mergulhados em atividades mentais e profissionais, que nos falta tempo para desfrutar, digerir e assimilar as nossas vivências cotidianas.

d) Desproteção emocional e desenvolvimento de transtornos psiquiátricos – A síndrome do pensamento acelerado favorece a desproteção emocional. Para a pessoa emocionalmente desprotegida, a crítica, a calúnia ou a injustiça levam facilmente à derrota e à prostração. O mesmo se diga das perdas e das decepções. De outra parte, a pessoa emocionalmente desprotegida é candidata à hipersensibilidade, que se caracteriza por extrema fragilidade e desequilíbrio emocionais. A pessoa com desproteção emocional tem maior facilidade para desenvolver depressão, síndrome do pânico e doenças psicossomáticas. Em seu interior, momentos alegres são sucedidos por momentos tristes, o bom humor é alternado com isolamento, segurança é seguida de insegurança e assim por diante. Enfim, os nossos piores inimigos estão dentro de nós.

d) Outras consequências da síndrome do pensamento acelerado – A par das consequências emocionais, há outras que esta síndrome pode provocar: doenças psicossomáticas (hipertensão, taquicardia, doenças autoimunes, transtornos psicossomáticos); comprometimento da criatividade (pensar aceleradamente dificulta a imaginação criativa); comprometimento do desempenho intelectual global (a mente hiperpensante e hiperocupada tem séria dificuldade na construção do raciocínio); deterioração das relações interpessoais (a impulsividade, o baixo nível de paciência e a tendência a não pensar antes de reagir comprometem a afetividade e estabilidade do relacionamento social); dificuldade de trabalhar em equipe e cooperar socialmente (a mente agitada encontra dificuldade para expressar pensamentos, debater ideias, promover os colegas e ser simpática e empática, elementos essenciais no trabalho em equipe).

Carlson e Bailey (2002, p. 29-30) consideram que o ponto de entrada para a saúde mental é viver no presente e *desacelerar*, isto é, viver naturalmente ou, como eles dizem, *viver na velocidade da vida,* sem a agitação excessiva do dia a dia. E dão seis motivos importantes para desacelerarmos até chegar à velocidade da vida:

- Redução do estresse.
- Saúde física melhorada.
- Relacionamentos mais presentes, íntimos e amorosos.
- Consciência e apreciação sensorial elevadas da beleza natural ao nosso redor.
- Uma maior paz de espírito e serenidade.
- Uma melhora dramática na capacidade de ser produtivo e criativo e de manter-se concentrado.

A saúde mental, segundo Carlson e Bailey, corresponde ao "potencial humano para o funcionamento psicológico saudável – autoestima, criatividade, inspiração, sabedoria, amor incondicional, relacionamentos saudáveis, motivação, humor, solução de problemas, otimismo e muitas outras virtudes. Esse potencial fica dormente em cada ser humano na sua forma completa, esperando para ser liberado". *Desacelerar,* vencendo a síndrome do pensamento acelerado – no dizer de Cury –, é liberar o poder da saúde mental inata, que permite viver uma vida produtiva e feliz.

ESTRESSE NO TRÂNSITO 12

Na última década, houve um aumento significativo da frota de veículos motorizados no país. Isto representa uma imensa quantidade de automóveis, ônibus, caminhões, ambulâncias, motos e outros tipos de viaturas a circular diariamente pelas cidades. Um percurso que há quinze ou vinte anos se fazia em meia hora, hoje pode levar uma hora, hora e meia e até mais.

Usuários cotidianos desses veículos passam um tempo enorme em meio a um trânsito lento, desgovernado e semeado de motoristas inquietos, apressados, imaturos e mal-educados. Tal situação, repetida diariamente, pode se tornar um agente estressor, tanto para motoristas profissionais quanto amadores. É claro que depende da percepção que se tem do trânsito. Como exemplo, cito dois casos:

Rosália era uma jovem profissional de marketing que, até pouco tempo, fazia, com seu automóvel, todos os dias úteis, um trajeto que durava por volta de sessenta minutos de casa para o trabalho e outros sessenta do trabalho para casa. Num curso, comentou com os outros alunos, que não suportava mais dirigir. Isso se tornara para ela um sacrifício, até mesmo uma tortura. Apesar de poder levantar-se às oito da manhã, acordava com dor de cabeça lá pelas cinco horas e não conseguia mais dormir, na expectativa angustiante de ter de aborrecer-se e transtornar-se logo mais, nas ruas e avenidas por onde deveria circular. A fim de ter um pouco mais de sossego, contratou um taxista a preço fixo, que a levava para o trabalho e ia buscá-la na volta. Só assim conseguiu amenizar o sofrimento pelo qual passava todos os dias.

Algo completamente distinto acontecia com um taxista, que já dirigia há mais de quarenta anos pelo trânsito de São Paulo. Contou-me que, a pedido da sua esposa, não trabalhava aos domingos. No entanto, isso era um incômodo para ele, que ficava sem saber o que fazer com as horas de folga que conseguia. A partir da tarde, ficava aguardando com ansiedade o momento de retomar o veículo, na manhã da segunda-feira. Dirigir era para ele uma distração, principalmente porque gostava de trocar ideias com os passageiros. Assim, as horas passavam muito rapidamente e ele voltava sossegado para casa, pronto para mais um dia de trabalho na manhã seguinte.

São dois exemplos opostos, pois a percepção do trânsito variava para cada pessoa. Todavia, para uma grande parte dos motoristas, o trânsito é um fator de estresse.

CAUSAS DE ESTRESSE NO TRÂNSITO

a) Congestionamento – Uma grande cidade como São Paulo, por exemplo, cresceu desordenadamente, sem nenhum plano anterior. Isto fez com que hoje, quando a frota veicular aumentou expressivamente, o engarrafamento seja a regra e não a exceção. Ficar com o carro estacionado em meio a centenas de veículos, aguardando que a fila recomece a andar, requer tranquilidade, compreensão e paciência, que nem todos têm. Daí os xingamentos, as buzinas disparadas e os gestos exasperados de irritação e desconsolo.

b) Fechada – Ser fechado por outro motorista é uma constante no trânsito alucinado das cidades. Motoristas que fecham outros são egoístas e egocêntricos, sinais evidentes de imaturidade emocional. Diante de tais pessoas, sem dúvida, há necessidade de tolerância e paciência, o que nem sempre é fácil. No entanto, não podemos descer no mesmo nível de imaturidade de tais motoristas, o que exige muita energia para superar saudavelmente a situação. Daí, muitas vezes, a origem do estresse no trânsito.

c) Agressividade alheia – Há motoristas extremamente agressivos, que dirigem sem qualquer consideração pelos outros. Avançam desabaladamente, quando conseguem algum espaço; deixam o para-choque quase encostado na traseira do outro veículo, gerando, às vezes, colisão; acendem a luz alta; buzinam desesperada e insistentemente. Enfim, a sua agressividade torna-se motivo de estresse para quem precisa conviver com tais pessoas muitas horas por dia no trânsito.

d) Atraso e pressa – Pessoas há que criaram o hábito de se atrasar para a realização de compromissos. Há até quem julgue elegante atrasar-se, o que não é verdade. O atraso habitual revela falta de responsabilidade e desrespeito para com aquele que chega com pontualidade ao encontro marcado antecipadamente. No trânsito, acontece a mesma coisa: a pessoa sai tarde de casa e, durante o trajeto, dirige com pressa alucinante, exigindo que os demais motoristas lhe deem passagem a qualquer custo. A pressa angustiante desses motoristas é outro fator de estresse para quem dirige cotidianamente, encontrando em seus trajetos tais pessoas imaturas e irresponsáveis.

e) Saturação dos espaços viários – Até algum tempo atrás, quando uma rua estava congestionada, o motorista sempre tinha algumas alternativas para livrar-se da situação, buscando outras ruas e avenidas. Hoje, com a saturação dos espaços viários, isso ficou mais difícil, mas não impossível. Todavia, a saturação dos espaços viários se torna mais um agente estressor para motoristas, que enfrentam essa situação muitas horas por dia.

f) Desrespeito à sinalização – Há motoristas que, apressados em demasia, não respeitam as sinalizações do trânsito, pondo em risco a própria vida, assim como a vida dos passageiros e de outros motoristas. Quem segue pelo trânsito, com responsabilidade, é, muitas vezes, vítima da ação irresponsável dos desrespeitadores de sinais, seja por ter de desviar-se rapidamente, seja por situações mais violentas, como abalroamento e ferimentos. Eis mais um estressor para a vida do motorista.

g) Desrespeito aos semáforos – Vemos todos os dias motoristas que desrespeitam a sinalização dos semáforos, avançando irrefletidamente, quando o sinal está no amarelo ou dando a partida, quando o sinal já está no vermelho. Novamente, a vítima pode ser quem está dirigindo conscienciosamente. Se o motorista dirige muitas horas por dia e isso acontece com frequência, torna-se mais um fator de estresse, como vimos anteriormente.

h) Dirigir no horário de pico – Se, durante o dia, as ruas podem oferecer um tráfego congestionado e tumultuado, muito mais ainda nos momentos do *rush,* isto é, nos horários de pico. Para a pessoa que dirige diariamente por muitas horas, estar em meio ao tráfego em horários de pico é mais uma possibilidade de entrar em estado de estresse.

i) Excesso de barulho – Também o ruído ensurdecedor do trânsito, em certos momentos, pode levar à irritabilidade e ao desassossego que, por sua vez, favorecem, juntamente com outros agentes, a ocorrência do estresse.

CONSEQUÊNCIAS DO ESTRESSE NO TRÂNSITO

O estresse no trânsito traz consigo impaciência, irritabilidade, agressividade, nervosismo, ansiedade, angústia e fadiga. Isto pode levar a consequências como:

- Ocorrência de riscos para as pessoas que não controlam as suas emoções, deixando-as aflorar de modo descontrolado;
- Taquicardia;
- Falta de ar;

- Dor de cabeça;
- Tensão muscular;
- Pressão arterial elevada;
- Diminuição do sono;
- Doenças psicossomáticas, como gastrite, úlcera gástrica, diarreia, prisão de ventre, palpitações, alterações da visão e da motricidade etc.

Além disso, o estresse no trânsito ainda pode ser responsável pelos acidentes sem ou com vítimas; pela violência verbal, podendo, em certos casos, levar ao confronto físico, gerando trauma e lesões no corpo.

Estresse no trânsito pode, ainda, ocasionar a morte em acidente veicular ou até mesmo o homicídio, nos casos extremos dos confrontos físicos. O que fazer para evitar esses efeitos nefastos? Trataremos da prevenção e gestão do estresse em geral, mais à frente. No caso do estresse no trânsito, passamos algumas orientações genéricas.

EVITANDO O ESTRESSE NO TRÂNSITO

Algumas indicações são costumeiras, quando se trata deste tipo de estresse. Entre elas:

- Atenção aos horários.
- Sempre que possível, evitar dirigir em horários de pico.
- Evitar o trânsito congestionado, buscando caminhos alternativos, ainda que isto nem sempre seja fácil.
- Quando se está dirigindo há mais de uma hora, parar num local seguro, como um posto de gasolina,

saindo do veículo, esticando as pernas e flexionando os braços, antes de retomar o trajeto.

- Ouvir boa música, num volume suave, é um modo de relaxar.
- Buscar a posição correta do corpo e a distância mais adequada para segurar o volante ajuda a manter os músculos relaxados.
- Fechar o vidro, evitando não somente assaltos, mas o barulho do trânsito, vapores e fuligens.
- Para quem tem carro com câmbio manual, é importante, durante as paradas, deixar o carro em ponto morto, a fim de poder distender os músculos até a retomada do trajeto.
- Manter distância adequada entre os veículos, para evitar abalroamento em caso de freada brusca.
- Avisar, quando se está atrasado; se ligamos para a pessoa que nos espera, dizendo que vamos nos atrasar, sentimo-nos mais relaxados para dar continuidade ao percurso.
- Usar de cortesia; se a pessoa fez algo errado e outro motorista buzinou, pedir desculpas alivia a situação; se algum motorista apressado pedir passagem, sendo possível, ceder a passagem e continuar dirigindo com tranquilidade.
- Planejar o tempo, antes de sair de casa, de modo a evitar chegar atrasado ao compromisso.
- Evitar dirigir, quando se está cansado ou sonolento.
- Evitar bebida alcoólica antes e durante o trajeto.
- Evitar o manuseio do celular, enquanto estiver dirigindo.

- Manter pensamentos de otimismo, paz e tranquilidade.
- Respirar algumas vezes lenta e profundamente, sem exagerar, sentindo o ar que entra e sai pelas narinas.
- À pessoa espiritualizada, antes de sair de casa, fazer uma oração pela segurança no trânsito e cumprimento correto de suas obrigações.

Com medidas simples como estas, os motoristas podem evitar situações tensas que o trânsito costuma ocasionar em quem está desprevenido.

ESTRESSE, TRABALHO E QUALIDADE DE VIDA

13

Tanto o trabalho como o desemprego podem ser fatores de estresse. Trata-se do estresse ocupacional ou laboral, isto é, aquele que provém do trabalho e das relações interpessoais que aí se estabelecem. Corresponde ao conjunto de perturbações que configuram o desequilíbrio físico e psíquico ocorrido no ambiente de trabalho.

"A crise econômica e o uso intenso de tecnologia contribuíram para a explosão de doenças de saúde mental no Brasil, elevando o peso da ansiedade e do estresse entre as causas de afastamentos do trabalho e pressionando os gastos dos planos de saúde e da Previdência Social" (FRAGA, 2018, p. A19). Segundo a ANS (Agência Nacional de Saúde Suplementar), o número de consultas psiquiátricas passou de 2,9 milhões em 2012 para 4,5 milhões em 2017. O subsecretário-geral de previdência social, Benedito Brunca, considera que o problema é que a busca por maior produtividade tem gerado efeitos colaterais negativos.

Além das consultas psiquiátricas, houve alta em internações curtas e longas ligadas à saúde mental, havendo igualmente um aumento na demanda por psicólogos.

A recessão também contribuiu para o quadro depressivo apresentado por muitos trabalhadores. "A crise tornou impossível o cumprimento da meta de retorno em três anos de um empreendimento imobiliário – diz um entrevistado –, que assumiu o comando do negócio da família. Com a crise, os negócios diminuíram. Todo o mundo virou concorrente de todo o mundo". Entre os problemas gerados no interior do processo de trabalho estão a ansiedade, o estresse e a depressão, sendo que ansiedade e estresse têm afastado mais do trabalho do que a depressão.

Segundo reportagem da Folha de S. Paulo (25.nov. 2018), os atendimentos psicológicos e psiquiátricos em planos de saúde dispararam entre os anos 2012 e 2017, havendo também um aumento de 89,9% para as sessões com psicólogos e 69,2% para as internações psiquiátricas.

E não se pode desvincular essa situação do processo de trabalho. Atualmente, o estresse laboral ou ocupacional é uma das principais modalidades de estresse que acometem a nossa sociedade. Estresse ocupacional é aquele gerado no ambiente de trabalho e vários são os seus sintomas. Podemos agrupá-los em: sintomas fisiológicos, motores e psicológicos.

SINTOMAS DO ESTRESSE OCUPACIONAL

- Sintomas fisiológicos – Dor de estômago; tensão muscular; náusea; tontura; dor de cabeça; dispepsia (indigestão); vômito; irritação do cólon; arritmia; palpitação; dispneia (dificuldade para respirar, falta de ar); hiperventilação (aumento da quantidade de ar inalado, ocasionando aumento da frequência ou da amplitude dos movimentos respiratórios); insônia; desmaio; boca seca; sudorese, fadiga física, entre outros.

- Sintomas motores – Inquietação motora; passar constantemente os dedos pelo cabelo ou arrancar fios de cabelo (tricotilomania); roer unhas; colocar o dedo na boca; caminhar nervosamente de um ponto a outro numa sequência mecânica; evitar situações temidas; olhos desfocados, perdidos no espaço; corpo paralisado, sem esboçar movimentos etc.
- Sintomas psicológicos – Dificuldade para se concentrar; dificuldade para tomar decisões; dificuldade para raciocinar; fadiga mental; preocupação constante; pensamentos negativos; insegurança; medo; deficiência de comunicação, relações interpessoais conturbadas etc.

CAUSAS DO ESTRESSE OCUPACIONAL

Entre os fatores geradores de estresse no trabalho, podemos enumerar:

- Fatores intrínsecos ao trabalho – Longa jornada de trabalho; riscos potenciais à saúde do trabalhador; aumento de horas extras; descontentamento com o trabalho; sobrecarga de trabalho; ritmo acelerado do trabalho; insalubridade; pressão excessiva; atraso constante no pagamento do salário; descaso da empresa por segurança e pela saúde dos colaboradores; salário abaixo da qualificação do trabalhador; introdução de novas tecnologias; preocupação constante com problemas pessoais e familiares; o próprio conteúdo e natureza do trabalho.

- Relações interpessoais e comunicação – Liderança autocrática; falta de *feedback* por parte dos executivos; relações tensas com superiores, colegas ou subordinados; falta de um sistema integrado de comunicação; inexistência de comunicação vertical ascendente (dos liderados para o líder); comunicação horizontal seletiva; constância de "ruídos" na comunicação, ambiente humano tenso; conflitos organizacionais, resultantes de organograma deficiente.
- Desenvolvimento de carreira – Promoções feitas na base do apadrinhamento; falta de plano de carreira; impossibilidade de ascensão profissional; plano de carreira deficiente; existência de plano de carreira apenas "no papel"; ausência de avaliação de desempenho; avaliação de desempenho subjetiva; ausência de treinamento profissional interno e externo; cursos a que apenas alguns "escolhidos" têm acesso.
- Papel/função do indivíduo na organização – Falta de descrição de cargo; descrição de cargo deficiente, ambígua; dupla chefia (dois chefes para um mesmo colaborador); falha na isonomia salarial (trabalhadores com cargos e funções que se equiparam em termos de responsabilidades e atuação devem receber o mesmo salário); má atribuição de responsabilidade; sobrecarga de funções e responsabilidades; falta de autonomia; monotonia.

- Qualidade de vida no trabalho – Locais de trabalho insalubres; riscos à segurança e à vida do colaborador; carga horária excessiva; falta de EPIs (equipamentos de proteção individual); falta ou deficiência de palestras e treinamentos promovidos pela CIPA (comissão interna de prevenção de acidentes).

CONSEQUÊNCIAS DO ESTRESSE OCUPACIONAL

Baixo rendimento do colaborador; baixo nível de produtividade e qualidade; atraso; falta de cumprimento de horários; absenteísmo; lesões; acidentes trabalhistas; elevação de custos para a empresa; rotatividade elevada; aumento exagerado de doenças provenientes do estresse laboral; aposentadoria por invalidez; *boreout* e *burnout*; em casos extremos: morte do colaborador.

QUALIDADE DE VIDA NO TRABALHO

Qualidade de vida é um tema fundamental e recorrente nos dias de hoje. Mas o que significa esta expressão? De acordo com a Organização Mundial de Saúde-OMS, qualidade de vida é "a percepção do indivíduo de sua posição na vida no contexto da cultura e sistema de valores nos quais ele vive e em relação aos seus objetivos, expectativas, padrões e preocupações".

O médico Wanderley Pires (2001, p. 14) considera qualidade de vida como "um estado de satisfação decorrente da realização progressiva dos nossos desejos mais elevados. Em duas palavras, ter uma boa qualidade de vida é *ser feliz*".

A noção de qualidade de vida compreende aspectos como a saúde física, a saúde mental e psicológica, envolvendo igualmente a dimensão do trabalho. Assim, podemos entender a qualidade de vida no trabalho como um conjunto de medidas organizacionais que promovam a melhoria do ambiente físico e humano, com a finalidade de aprimorar a produtividade e a qualidade dos produtos ou serviços por meio da satisfação das necessidades humanas dos colaboradores.

O psicólogo norte-americano, Abraham Maslow, propôs uma teoria motivacional, onde faz uma hierarquia de necessidades humanas, que podemos correlacionar com a qualidade de vida no trabalho. Isto é, para que haja qualidade de vida elevada no âmbito do trabalho, requer-se que tais necessidades sejam satisfeitas à medida que vão surgindo entre os colaboradores da organização.

"A hierarquia das necessidades nos seres humanos vai desde as necessidades mais inferiores de sobrevivência, como a fome e a sede, até as necessidades superiores, que incluem a participação grupal e o amor, a estima e as necessidades cognitivas e estéticas, como a sede de conhecimento e o desejo de beleza" (LAZARUS; MONAT, 1979, p. 162). Vejamos a Hierarquia de Necessidases completa, acompanhando as considerações de Lazarus e Monat:

1. **Necessidades fisiológicas**

   Necessidades de alívio da sede e da fome; necessidade de sono; necessidade de sexo; necessidade de alívio da dor e desequilíbrios fisiológicos. No trabalho: ambiente físico adequado, salário justo, que permita a sustentação do profissional e de sua família, respeito aos horários, aos períodos de descanso, respeito ao direito de férias.

2. **Necessidades de segurança**

   Necessidade de segurança e proteção individual e coletiva, necessidade de estar livre do perigo, necessidade de ordem e de um futuro previsível. No trabalho: necessidade de segurança física e emocional conveniente ao cumprimento de suas obrigações, equipamentos de proteção individual (EPIs), equipamentos de segurança coletiva, planos de saúde coletivos, seguro de vida, planos de carreira, assistência previdenciária, plano de preparação da aposentadoria e outros benefícios.

3. **Necessidades de amor e afiliação grupal**

   Necessidade de amigos, companheiros, colegas, necessidade da família, necessidade de identificação com um grupo social, necessidade de intimidade com alguém, amor. No trabalho: necessidade de condições adequadas para o trabalho em equipe, preferência à união e não à competição entre os colaboradores, criação e manutenção de um ambiente humano agradável, que favoreça o entendimento, a harmonia e o espírito de equipe.

4. **Necessidades de estima**

   Necessidade de respeito, de autorrespeito, necessidade de confiança baseada nas boas opiniões de outrem, necessidade de autoconfiança, autovalia e autoaceitação. No trabalho: necessidade de reconhecimento do bom desempenho do colaborador, baseada no seu interesse e comprometimento para com a organização.

5. **Necessidades de autorrealização**

Necessidade de consumar as capacidades pessoais, necessidade de desenvolver o próprio potencial, de fazer aquilo para o qual tem capacidade suficiente, necessidade de crescer e ampliar as necessidades essenciais do sujeito: descobrir a verdade, criar beleza, produzir ordem e promover justiça. No trabalho: necessidade de liberdade para criar, necessidade de ambiente propício a seu desenvolvimento intelectual, emocional e moral.

À medida que uma necessidade é satisfeita, surge outra, que passa a ser a predominante. E isto faz com que estejamos sempre em busca de algo melhor para nós e que favoreça o nosso crescimento. Se estivéssemos completamente satisfeitos, não partiríamos em busca de algo imediatamente superior. Isto é, não haveria progresso. Dizem Lazarus e Monat (1979, p. 163): "A filosofia da força de crescimento implica que, em lhes sendo dada a oportunidade, os seres humanos expressarão sua natureza avançada".

A falta de satisfação ou a busca de satisfação inadequada das necessidades humanas, por parte da empresa, pode se tornar uma fonte de estresse. Daí o cuidado que devem ter os gestores, não só com a produtividade ou com a qualidade de produtos e serviços, mas igualmente com a qualidade de vida de seus colaboradores, incluindo aí a atenção à satisfação das necessidades humanas.

DESEMPREGO E ESTRESSE OCUPACIONAL

Não é apenas o trabalho que pode converter-se em fator de estresse, mas também a sua ausência. O desemprego corresponde a uma situação intensamente desagradável, que promove a ansiedade, a angústia, a insegurança, a tensão extrema, o desespero.

A ocorrência da inatividade laboral (desemprego) repercute na saúde física e mental da pessoa, concorrendo para a eclosão de vários tipos de enfermidade e mesmo para a incidência da morte, em casos extremados.

Nas circunstâncias do desemprego, o indivíduo tem de lidar com o rebaixamento dos seus rendimentos e, como tal, com um planejamento de gastos extremamente apertado, levando também à degradação da autoestima e ao sentimento de insucesso e derrota pessoal.

O psiquiatra austríaco, Viktor Frankl, criador da logoterapia (psicoterapia fundamentada na busca de sentido), afirma que a principal manifestação humana é a vontade de sentido, isto é, a busca incessante pelo significado da vida. Afirma um de seus comentadores, Joseph Fabry (1984, p. 16), que: "A maioria das pessoas não precisa ser persuadida de que o sentido existe e de que anseiam por ele. Somente é necessário torná-las conscientes do que, nas profundezas de seu inconsciente, sabem ser verdade". Pois bem, nas condições do desemprego, a pessoa não apenas se isola, por não poder acompanhar a vida social dos demais, como também pode perder o próprio sentido da vida, afundando-se nas teias do vazio existencial e espiritual.

Em geral, quem mais sofre com as agruras do desemprego são os muito jovens e aqueles que já se encontram na meia-idade. Os primeiros porque, pela falta de experiência, são rejeitados em favor de outros mais qualificados e os demais, porque o fator idade pesa em demasia, tendo pela frente muitas portas fechadas. Desse modo, também a falta de emprego pode ser um significativo fator de estresse.

Se ter boa qualidade de vida é ser feliz, como afirma Wanderley Pires, o que é felicidade? E ele responde: "A felicidade é compreendida como uma sensação subjetiva de paz, harmonia e serenidade que experimentamos, quando nosso cérebro, estimulado por pensamentos positivos, lança na corrente circulatória determinadas substâncias químicas (neurotransmissores) que provoca essa emoção" (PIRES, 2001, p. 18). Todavia, quando percebemos negativamente a realidade onde nos achamos inseridos – completa Pires –, "introduzimos na circulação neurotransmissores que provocam dores de cabeça, vertigens, acidez estomacal, falta de ar, arritmias cardíacas, redução da libido e muitos outros sintomas, que nos deixam mal humorados e infelizes". Acontece, ainda, que os trabalhadores que vivem mal-humorados, também influenciam de modo negativo as pessoas que estejam à sua volta. Portanto, para contribuir com a boa qualidade de vida no trabalho, é importante que cada colaborador da organização se torne um multiplicador de otimismo e alegria, isto é, que seja feliz por sua própria escolha.

TECNOESTRESSE 14

O progresso tecnológico, nos últimos anos, tem sido tão rápido, como não se poderia pensar há vinte e cinco ou trinta anos atrás. A tecnologia transforma-se de modo acelerado e, sempre que há uma modificação, há igualmente a necessidade de as pessoas se ajustarem a tal transformação. Exigem-se novos conhecimentos e novas habilidades. O problema maior não está aí, pois, segundo W. I. Thomas (citado por HERNANDEZ; CALDAS, 2001, p. 35), o desejo por novas experiências é um dos quatro mais básicos desejos do comportamento do ser humano. Segundo os autores, "seres humanos anseiam por mudança, e tal necessidade comumente sobrepõe-se ao medo do desconhecido". Mas, ainda assim, as transformações por que vai passando a sociedade acaba trazendo consequências negativas.

Como pondera o psicanalista Augusto Goldoni (2016, p. 130): "O mundo de hoje e o estilo de vida que as pessoas adotam são potencialmente mais estressantes do que antes. (...) A mais importante, senão a principal, causa de grande parte do estresse hoje em dia é a globalização, ou melhor, as consequências do estilo de vida de um mundo globalizado. Ela é muito mais que uma moda, é uma nova era. A globalização se tornou *um novo paradigma social*".

Quando a globalização era apenas uma previsão de futurólogos, esperava-se que as mudanças tecnológicas que viriam com ela trouxessem consigo alguns benefícios. Entre eles, uma menor quantidade de horas trabalhadas, que tornassem os momentos de trabalho mais amenos, tranquilos (para maior produtividade com qualidade); ampliação das horas de repouso; comunicações mais humanas; enfim, qualidade de vida elevada. Entretanto, o número de dados recebidos ampliou-se tanto que, em muitos casos, a carga horária de trabalho aumentou, o prazo para execução das tarefas reduziu-se, as cobranças tornaram-se mais apressadas e insistentes, de modo que o descanso caiu para segundo plano, o ambiente humano permaneceu tenso e a qualidade de vida ficou afetada negativamente.

Passou-se a chamar de tecnoestresse ou estresse tecnológico a resposta de ansiedade ou pressão mental por exposição prolongada ou envolvimento com as tecnologias de informação e comunicação (TIC), particularmente o computador, o *notebook* e o celular.

MODALIDADES E CAUSAS DO TECNOESTRESSE

O tecnoestresse apresenta-se habitualmente sob duas formas, que também se constituem em causas desse tipo de estresse:

a) Falta de adaptação às novas tecnologias – Neste aspecto, a pessoa sente-se frustrada diante de suas limitações no uso de novas tecnologias de informação e comunicação (TIC). O estresse é proveniente da falta de habilidade para usar o computador, o celular de múltiplas funções, o *notebook* etc. Em tal caso, a pessoa passa a se perceber como antiquada, ultrapassada e até inútil.

Diante de pessoas que estejam conversando sobre tipos de uso do celular, numa linguagem técnica, aquele que desconhece essa terminologia sente-se de modo semelhante ao analfabeto, que precise pedir a alguém para ler um texto, que não consegue decifrar. Combater insistentemente as novas tecnologias ou envergonhar-se por não dominá-las é uma das características de quem passa pela pressão exercida por elas.

Lembro-me de um idoso que tinha o hábito de apelidar-se com o nome de "Senhor Jurássico", e toda vez que assim se referia a si mesmo, costumava dar um sorriso de constrangimento.

b) <u>Uso excessivo de tecnologias de informação e comunicação</u> – Há poucos anos atrás, eu estava num restaurante, quando chegou uma família, composta pelos pais e uma filha adolescente. Vendo o sorriso no rosto da jovem e da mãe, pressenti que à minha frente estava uma família unida pelos laços da afetividade. Porém, logo após sentar-se, o pai tirou o celular do bolso e começou a fazer as suas pesquisas na rede social. Tão entretido estava, que não escutava o que a esposa e a filha lhe diziam. E assim continuou, mesmo depois que os pratos foram servidos. As diversas tentativas de diálogo falharam, devido a seu alheamento diante do que ocorria à sua volta. O seu interesse estava focado nos contatos virtuais, já o aconchego familiar ficou para outra hora (será?). Mesmo após pagar a conta e levantar-se para deixar o restaurante, ainda aquele pai e esposo continuava completamente absorto no celular, esquecendo-se totalmente das pessoas que ali tinham ido, não apenas para comer, mas para desfrutar momentos de intimidade familiar.

Confesso que fiquei frustrado. Não havia ainda notado que isso estava começando a ocorrer nas mais diversas situações da vida. Dali para frente, circunstâncias similares tornaram-se cada vez mais comuns nos mais diversos momentos do cotidiano, até mesmo na intimidade da vida familiar.

Como observa Goldoni (2016, p. 138-139): "Com a propagação em massa do uso da internet, muitas coisas foram facilitadas e a comunicação se tornou bem mais dinâmica. Seu uso pode ser extremamente útil e, para certos tipos de relações de trabalho, ela se tornou indispensável. Porém, no âmbito das relações pessoais, há de se ter um pouco mais de cautela". Tem-se dado um valor excessivo aos contatos interpessoais virtuais, com sério prejuízo para o intercâmbio de proximidade física. Há, neste caso, uma inversão de valores, pois o homem é um ser social e necessita da presença física do outro. Como conclui Goldoni (p. 139), se esse contato físico "não existir ou for muito escasso, em um momento ou outro, isso vai fazer falta, gerando frustração e, consequentemente, altos níveis de estresse. Sendo assim, nunca o contato virtual irá substituir de forma plena e satisfatória o contato físico".

Duarte, Motoki e Mainardes (2018, p. 1567) adaptaram um quadro de Tarafdar, Tu, Ragu-Nathan, Ragu-Nathan, que apresenta cinco fatores do tecnoestresse com suas descrições e o que cada fator causa nos utilizadores de tecnologia de informação e comunicação (TIC):

Descrição dos Fatores Criadores do Tecnoestresse

Fatores do Tecnoestresse	**Descrição**	**Consequências**
Tecnossobrecarga (*techno-overload*)	Descreve situações onde os usuários de TIC são submetidos a trabalhar mais e mais rápido para realizar mais atividades, utilizando um tempo menor.	Ansiedade e tensão constantes.
Tecnoinvasão (*technoinvasion*)	Os utilizadores de TIC estão submetidos a situações que acreditam estar conectados a todo o momento, causando indefinição entre o contexto pessoal e profissional.	Frustração e estresse.
Tecnocomplexidade (*technocomplexity*)	Está associada à percepção de seus usuários em relação a suas habilidades. Eles sentem que são inadequados, quando comparados com outros.	Estresse.
Tecnoinsegurança (*techno-insecurity*)	Surge de situações em que os usuários da TIC sentem seu emprego ameaçado e medo de serem substituídos por colegas, que possuam uma melhor compreensão e desempenho, ao lidar com a tecnologia.	Tensão e estresse
Tecnoincerteza (*techno-uncertainly*)	Os utilizadores da tecnologia sentem instabilidade devido às rápidas mudanças que ocorrem por conta da modernização e transformações tecnológicas, ou seja, para esses profissionais o seu conhecimento está se tornando obsoleto.	Frustração e ansiedade.

Neste quadro, identificamos cinco fatores criadores de tecnoestresse no trabalho e a percepção do usuário de TIC em relação a eles, podendo avaliar os transtornos causados por esta modalidade de estresse.

SINTOMAS DO TECNOESTRESSE

Podemos classificar os sintomas do tecnoestresse em físicos, emocionais e comportamentais:

- Sintomas físicos – Os mais comuns são as dores musculares, mas também o cansaço crônico, e transtornos do sono, como insônia, sono agitado e breves períodos de sono, cortados pelo despertar.
- Sintomas emocionais – Entre estes, costumam ocorrer ansiedade, angústia, falta de concentração. A ansiedade e a angústia, em geral, são consequência de uma quantidade tão grande de informações, que não podem ser plenamente assimiladas pelo usuário do aparelho. A impressão que se tem é de que, quanto mais se recebem dados, maior número ainda está por vir. Já a falta de concentração é decorrente da atenção unifocal dada ao conteúdo das informações recebidas. Há certo tempo, quando eu seguia por avenida movimentada de São Paulo, num táxi, um homem, que andava pela calçada olhando atentamente o celular, começou a atravessar o logradouro, sem se dar conta do perigo, pois o semáforo estava fechado para pedestres. Se o taxista não tivesse freado bruscamente, ele teria sido colhido pelo veículo. O usuário estava excessivamente centrado nos dados do celular e com déficit de atenção para o mundo à sua volta, que

ficou completamente ignorado. Outros sintomas emocionais são o temor de ficar sem acesso a um smartphone e o tremor a cada nova chamada, temendo por notícias desagradáveis.

- Sintomas comportamentais – Um dos comportamentos negativos é o uso descomedido de calmantes ou de álcool, com o intuito de relaxar. Mas pode haver também comportamento agressivo (no caso de o celular ou computador apresentar defeito ou estar fora do ar). Num contexto como este, o usuário se descontrolou tanto, que atirou violentamente o celular na parede, tendo de comprar outro depois... Outro sintoma pode ser distúrbio de apetite. Neste caso, é mais comum que o indivíduo coma exageradamente ou que busque no *fast-food* o seu meio habitual de alimentação. Há quem procure salgadinhos na cozinha, a fim de não perder tempo com o preparo de alimentos, fazendo disso o seu almoço e também o seu jantar.

COMO LIDAR COM O TECNOESTRESSE

Sabemos que, pelo excesso de informação ou pela dificuldade de lidar com novas tecnologias, as pessoas podem sofrer problemas de saúde, motivados pela tensão (no caso de uso excessivo) ou pela frustração (no caso de desconhecimento das novas tecnologias).

A maneira sensata de encarar o problema parece situar-se na incorporação de duas atitudes realistas:

a) Quem desconhece as novas tecnologias (TIC), se estiver interessado nelas, terá de aprendê-las.

Como dizia o velho Aristóteles, todos os homens têm, por natureza, o desejo de conhecer. Pois que esse desejo seja posto em prática. Se assim agir, quem hoje é ignorante em termos de novas tecnologias, amanhã poderá ser um usuário em condições de dominá-las. Caso não haja interesse pelo aprendizado, também não deve haver vergonha ou desconforto diante de quem utilize corretamente o computador, o celular e outros aparelhos eletrônicos. Tratar-se-á apenas de interesses diversificados. Conheço um senhor idoso, que não tem o menor interesse pelo computador nem pelo celular. Em vez de "perder tempo com essas geringonças" – como ele diz –, prefere ler e pintar, de modo que passa os seus dias no aconchego da família, praticando aquilo de que realmente gosta.

b) Quem usa desmesuradamente as novas tecnologias e se sente frustrado por não dar conta de tantas informações, recebidas minuto a minuto, precisa entender que não dá para assimilar todos os dados que nos chegam nem há necessidade disso. São necessárias duas ações fundamentais: uma, distinguir os dados importantes daqueles que sejam inúteis, supérfluos ou dispensáveis, de modo a ignorar o que não é importante e tomar conhecimento apenas do que o seja. A segunda ação consiste em administrar o tempo. Há quem dispenda demoradas horas com o uso irrestrito do celular, por exemplo, quase não sobrando tempo para atividades importantes do dia a dia, como pagar contas, fazer saques em caixas eletrônicos, atender a compromissos assumidos, ir ao médico, comprar mantimentos, ter um tempo para a vida em família, ler obras de real importância etc., etc. Tais pessoas precisam ter noção de que o tempo precisa ser administrado, de modo a poderem dar conta de todos os seus compromissos e responsabilidades do cotidiano. A ansiedade, em muitíssimos casos, é consequência da ânsia por receber informações de qualquer espécie, sejam fundamentais, indispensáveis ou fúteis e superficiais. Com a falta de administração do tempo, também surge a ansiedade por não se dar conta de tudo que estava programado para realização diária. Nesses casos, é comum escutarmos alguém dizendo, com ares de impotência: "Como o tempo voa"; "Não tenho tempo para nada"; "O dia precisaria ter 48 horas"; ou "Parece que estou aqui há cinco minutos, mas já é madrugada!"... Uma boa administração do tempo acabaria com isso.

Em síntese, nos últimos anos, várias tecnologias de informação e comunicação (computador, celular, televisão) surgiram no cenário laboral, cultural e de entretenimento, visando facilitar a vida do ser humano, mas trazendo consigo uma rede de transtornos, que se converteram no chamado tecnoestresse. O mal não está nessas tecnologias, mas na maneira como são utilizadas por muitos indivíduos, de modo a gerar estresse e doenças. Esse fluxo constante de mudança tecnológica e da necessária adaptação por parte de seus usuários acarretou tensões, ansiedade, angústia, favorecendo o surgimento do tecnoestresse, que passou a ser visto hoje como um problema de adaptação, causado pela inaptidão do usuário na gestão do uso dessa tecnologia. Quando o usuário consegue servir-se, de uma maneira positiva e saudável, dos aparelhos criados pelas novas tecnologias de informação e comunicação, elas passam a prestar-se à sua finalidade capital: favorecer a apropriação adequada das informações úteis e dinamizar as relações interpessoais, seja no âmbito social ou empresarial.

15 RELAÇÕES INTERPESSOAIS E ESTRESSE

O relacionamento interpessoal também pode ser um agente estressor. Vemos isso constantemente no meio familiar, no trabalho e em sociedade. Temos por hábito dividir as relações interpessoais em três modalidades: relações agressivas, relações submissas e relações assertivas (MARINHO, 2014; 2014-a).

a) **Relações agressivas** – João Paulo era gerente de produção numa indústria de médio porte. Assim que foi promovido para esse posto, começou a tratar os seus subordinados com autoritarismo, distanciamento e desqualificação. Exigia obediência cega da equipe, não permitindo sugestões e impacientando-se com perguntas de esclarecimento. Não se aproximava de nenhum colaborador, afastando-se cada vez mais da sua equipe, para estar junto de seus pares e diretores. Aos poucos, a equipe foi perdendo a motivação e as metas deixaram de ser cumpridas. Após alguns meses de resultados insatisfatórios, João Paulo foi demitido.

Temos neste caso real um exemplo de conduta agressiva e uma das consequências possíveis para quem adota relações hostis com os demais. As relações agressivas acontecem, quando o indivíduo se julga superior ao outro, vendo-o como inferior ou como competidor. Algumas das características do comportamento agressivo são: autoritarismo; manifestação de sentimentos hostis; desrespeito; coerção; intransigência; impulsividade; desqualificação do outro; distanciamento; gestos duros, tensos, desafiadores; atitude ofensiva; voz elevada; cenho cerrado; dedo indicador em riste; expressão geral de raiva, desprezo, indiferença ou desafio.

As relações agressivas afastam, ao invés de unir, pois sua meta é vencer, não se importando com os direitos, as ideias e os sentimentos do outro. Com isto, promove insatisfação, rancor, dissensão, desmotivação e decréscimo da produtividade com qualidade, no trabalho.

b) **Relações submissas** – Maria Júlia trabalhava como recepcionista numa repartição pública. Sua função principal era cuidar da fila de espera e encaminhar as pessoas para os diversos setores do órgão. Pareciam duas tarefas fáceis, porém, sempre havia quem quisesse "furar a fila", alegando os mais diversos motivos. Não conseguindo dizer "não", quando alguém passava na frente dos que haviam chegado antes, ela ficava sem ação e tinha início uma onda de reclamações, o que dificultava o trabalho de Júlia. Todos os dias, sem exceção, havia descontentamento, contestação e até alguns xingamentos. A situação foi ficando tão insuportável, que a recepcionista teve de ser alocada noutro setor, para não perder o emprego, pois ela era contratada.

Aqui temos o exemplo de uma pessoa com conduta submissa. O comportamento submissso ocorre, quando, por inibição diante do outro, a pessoa se submete à sua vontade, decisões e caprichos. Tal pessoa, com baixa autoestima, se julga inferior às outras pessoas, daí sujeitar-se aos propósitos do outro. Fazem parte das características da conduta submissa: sentimento de inferioridade, inibição, permissão para que o outro aja de acordo com sua vontade; evitação do confronto; respeito exagerado pelo outro; necessidade de aprovação do outro; permissão para que o outro domine e conduza o diálogo; evitação de contato visual com o interlocutor; rubor; tremor; postura servil, com a cabeça e a voz baixas.

c) **Relações assertivas** – Dr. Junqueira Rezende, advogado trabalhista, tinha um modo todo especial de tratar os clientes, que os cativava desde o primeiro contato. Colocava-se no mesmo nível deles, sem ostentar conhecimentos jurídicos por meio de jargões advocatícios. Sua cordialidade e bom humor encantavam a clientela que, espontaneamente, o indicava para seus amigos com problemas trabalhistas. O respeito pela pessoa de cada cliente e pelos seus direitos era uma característica peculiar desse advogado, que só parou de trabalhar, quando a morte o colheu aos setenta anos. Seu velório e enterro foram dos mais concorridos na cidade industrial, onde morava. Como disse um antigo cliente, quando o enterro estava consumado: "Até morto, ele consegue conquistar as pessoas".

Este é um exemplo de conduta assertiva. Verifica-se a assertividade, quando o indivíduo busca os seus objetivos, expressando-se afirmativamente e, ao mesmo tempo, respeitando os direitos do interlocutor, num relacionamento cordial e produtivo. Ser assertivo é ser firme e direto sem coagir nem ser coagido, sem intimidar e sem ser intimidado. É uma capacidade de se afirmar de maneira clara, objetiva, direta e transparente. São características próprias do comportamento assertivo: visão do outro como semelhante (nem superior nem inferior), defesa dos próprios direitos e respeito aos direitos dos outros; expressão adequada de pensamentos e sentimentos; valorização do outro; afirmação pessoal com respeito ao interlocutor; postura comedida, sem ser submissa ou agressiva; expressão corporal e facial de autodomínio, receptividade e serenidade; gestos tranquilos, demonstrando autoconfiança; olhos nos olhos do interlocutor, com segurança e tranquilidade.

Na assertividade coexistem brandura e firmeza, pois, ao mesmo tempo em que a pessoa age com afabilidade e cortesia, está segura e firme em relação a seus direitos e objetivos.

SINTOMAS DO ESTRESSE NAS RELAÇÕES INTERPESSOAIS

- **Sintomas físicos** – Dor de cabeça; suor frio; tremores; opressão no peito; taquicardia; rigidez corporal; distúrbios estomacais; distúrbios intestinais.
- **Sintomas emocionais** – Ansiedade, nos momentos que antecedem o contato com a outra pessoa e durante o intercâmbio; medo, principalmente nas relações em que o outro detém todo o poder (chefe-subordinado); raiva, quando interlocutor é percebido como adversário ou inimigo; pânico, em situações de exposição a um grupo de pessoas, como ter de discursar diante de uma plateia; sentimento de culpa, após seguir sua própria decisão e não a do outro; frustração, quando a pessoa se deixa dominar pelas ideias, emoções, desejos e caprichos do outro.
- **Sintomas comportamentais** – Isolamento, quando a pessoa se sente inferiorizada, devido à sua baixa autoestima ou quando não compartilha as mesmas crenças e valores do grupo, onde se acha inserido; enfrentamento, quando percebe o outro como oponente ou inimigo; postura submissa, quando se sente inferiorizado diante do outro.

Estes sintomas são típicos de quem está sobrecarregado de tensão no convívio com outras pessoas, sofrendo as consequências da desarmonia interpessoal.

BUSCANDO UM RELACIONAMENTO EQUILIBRADO

Para se alcançar um relacionamento, harmonioso, positivo, produtivo e equilibrado com o outro, é mister desenvolver algumas qualidades ou habilidades, comumente chamadas virtudes, como:

- Paciência – É uma virtude do ser humano, fundamentada no autocontrole emocional, isto é, quando um indivíduo suporta situações desagradáveis, sem perder a serenidade e o equilíbrio.
- Fraternidade – O vocábulo *fraternidade* provém de *frater,* palavra latina, que significa irmão. Expressar habilidade fraterna é perceber o outro como um irmão. No aspecto religioso, se diz que todos os seres humanos foram criados por Deus, à sua imagem e semelhança, donde resulta a irmandade que abrange todos os homens. Mas, independentemente desta visão, quando vemos no outro não um ser superior nem um ser inferior, mas um semelhante, com virtudes e defeitos como nós, fica mais compreensível exercer a fraternidade nos relacionamentos interpessoais.
- Tolerância – Diz respeito a permitir e respeitar opiniões diferentes das próprias; ou, mais amplamente, admissão de modos de pensar, sentir e agir diferentes dos nossos.
- Humildade – É preciso primeiramente dizer o que não é humildade. Ela não é subserviência, não é baixar a cabeça para todo mundo, não é servilismo nem submissão. Trata-se da qualidade de quem reconhece os próprios limites, conscientizando-se de suas virtudes e defeitos, o que leva à modéstia, à ausência de vaidade e orgulho.
- Compreensão – É o entendimento correto da conduta alheia. Quando compreendemos o outro,

não o estamos julgando, mas aceitando-o como é, sem pré-julgamento. Compreender é aceitar as reações alheias, sem que nos aborreçamos nem condenemos.

- Brandura – É afabilidade, suavidade, cortesia. É também a demonstração de afeto e carinho para com o outro. Corresponde igualmente a guardar a calma, a serenidade, ainda que em meio a uma situação de desequilíbrio.
- Persistência – É a característica de quem não desiste fácil, mas se propõe a continuar agindo de acordo com sua decisão anterior. Em nosso caso, a persistência significa continuar insistentemente na decisão de estabelecer relações interpessoais assertivas.
- Empatia – É a competência emocional que permite sentir o que sentiríamos, caso estivéssemos na situação e circunstâncias experimentadas por outra pessoa. É, assim, o sentimento de identificação entre duas pessoas. Trata-se de nos colocarmos emocionalmente no lugar do outro, percebendo pelas vias da sensibilidade o que se passa com ele" (CAMARGO, 2011, p. 135).
- Resiliência – É um termo da física; significa a propriedade que têm alguns corpos de retomar a forma original depois de terem sido submetidos a uma deformação elástica. Quanto à conduta humana, resiliência é a capacidade de enfrentarmos e superarmos as adversidades do cotidiano. Em outras palavras, é a capacidade de lidarmos com problemas, adaptando-nos a mudanças, superando

> obstáculos ou enfrentando a pressão de situações desfavoráveis – como o estresse –, conseguindo alcançar soluções adequadas para confrontar e sobrepujar os dissabores que o dia a dia nos reserva.

Quando agimos, fundamentados em habilidades como as citadas, a possibilidade de um relacionamento sem estresse, um relacionamento pacífico, harmonioso, positivo e produtivo, enfim, assertivo, é muito maior.

EMOÇÕES E ESTRESSE 16

AS TRÊS DIMENSÕES EXISTENCIAIS

Diz a psicóloga italiana, Ana Bissi (2003, p. 11): "As emoções tingem a existência de cores, ora vivas, ora turvas, conferindo ao viver das pessoas consistência e intensidade". E também acrescenta que elas "invadem a vida de cada um e tendem a ocupar a totalidade de sua experiência pessoal". Sabemos que vivemos em três dimensões básicas: a do sentir (afetiva), a do pensar (intelectiva ou racional) e a do agir (ativa).

A dimensão *afetiva* corresponde à expressão das emoções, sentimentos, paixões, intuição e espontaneidade. A dimensão *intelectiva* diz respeito ao raciocínio, reflexão, pensamento lógico, cálculo, previsão, esclarecimento, explicação. E a dimensão *ativa* equivale ao uso efetivo do que foi sentido e pensado; corresponde à ação provocada pela vontade, à conduta humana.

Para que possamos viver em harmonia com nós mesmos e com os outros, faz-se necessário equilibrar essas três dimensões. Uma pessoa que atue demasiadamente na dimensão intelectiva torna-se fria, podendo também ficar com seus projetos apenas em pensamento, sem executá-los.

Outra, que aja excessivamente na dimensão emocional, acaba tomando decisões duvidosas, agindo irracionalmente, sem o apoio do intelecto. Já um indivíduo que seja descomedidamente ativo, isto é, que se conduza compulsivamente, sem o concurso anterior do raciocínio e sem o envolvimento positivo dos sentimentos, acaba por agir precipitada e desastrosamente. Apenas quando conseguimos equilibrar estas três dimensões existenciais, temos condições de agir sensata e serenamente, de modo a afastar a possibilidade de ocorrência do estresse.

TIPOS DE EMOÇÕES E SENTIMENTOS

"A emoção é geralmente definida como uma reação afetiva, que se manifesta por diversas alterações fisiológicas (aumento do ritmo cardíaco, palidez, tremores etc.) e corporais (riso, choro etc.). É uma reação instintiva ao meio, que se manifesta *a priori* [anterior à experiência]. Compreendem-se as coisas antes pelas emoções do que pela inteligência. Por exemplo, sentimos medo antes mesmo de entendermos a natureza do perigo" (URURAHY; ALBERT, 2005, p. 24).

Podemos também, inspirados em Jason de Camargo (2011, p. 59), considerar a emoção como a reação da mente a um evento agradável ou desagradável, que provoca um estado intrapsíquico veemente ou excitado. A partir daqui, podemos classificar dois tipos básicos de emoção: agradáveis e desagradáveis. Kretch e Crutchfield (1974, p. 266), ao afirmarem que "as experiências emocionais variam muito quanto ao prazer ou desprazer que provocam", assinalam um *continuum,* que segue dos sentimentos desagradáveis para os agradáveis.

- **Emoções desagradáveis** – Ira, tristeza, vergonha, medo, remorso, irritação, infelicidade, fúria, desgosto, culpa, depressão, ansiedade, hostilidade, mágoa, desconfiança, decepção, mágoa, inveja, ciúme, ódio, maldade, ressentimento, vingança.
- **Emoções agradáveis** – Alegria, satisfação, respeito, compaixão, perdão, entusiasmo, simpatia, empatia, contentamento, gratidão, felicidade, serenidade, amor.

Kretch e Crutchfield (1974) alertam para o fato de que, para se ter uma descrição precisa da emoção, é necessário observar o contexto da situação. Assim, por exemplo, o medo pode ser considerado uma emoção negativa, quando é desproporcional ao estímulo que o gerou. Porém, quando sentimos medo de atravessar a rua, com sinal de pedestre fechado, ele é positivo, pois nos impede de agir desastradamente. Em termos gerais, entretanto, as emoções desagradáveis levam a uma sensação desprazerosa, ao passo que as emoções agradáveis induzem a uma sensação prazerosa.

EDUCAÇÃO DOS SENTIMENTOS

Quando uma pessoa costuma expressar no seu dia a dia emoções, sentimentos agradáveis, acaba por atrair os outros para si. Esta é uma característica desta modalidade de emoção. Os sentimentos agradáveis promovem o encontro entre as pessoas. Desse modo, promovem a paz, a cordialidade, a harmonia, a serenidade.

Quem tem por hábito externar emoções desagradáveis afugenta os outros, assim como promove desencontro, discórdia, dissensão, tensão. Assim sendo, a insistência na expressão de sentimentos desagradáveis favorece o surgimento do estresse.

Num de meus cursos, um aluno relatou o seguinte: Um professor universitário que ele conhecera quando estudante, apesar de competente e comprometido, tinha um relacionamento conturbado com o diretor da sua área. As ideias e opiniões de um e de outro divergiam em muitos aspectos, sendo cada um intransigente em suas convicções, o que gerava atritos contínuos. Ele somente não era demitido por se tratar de professor concursado. Todavia, as divergências se multiplicavam e, com o passar do tempo, o professor passou a sofrer de gastrite, que se converteu em úlcera estomacal. Diagnosticado com estresse crônico, o professor conviveu por alguns anos com esse problema. Porém, apesar dos medicamentos que tomava regularmente, recebeu mais tarde o diagnóstico de câncer no estômago. Após esse evento, o aluno não soube dizer o que aconteceu na vida desse professor. Todavia, apesar disso, ele finalizou o seu relato com esta conclusão: "Relações humanas podem nos trazer felicidade, mas também a morte".

Jason Camargo (2011, p. 79) classifica os sentimentos em inferiores e superiores. De acordo com seu raciocínio, no estágio evolutivo em que se encontra o ser humano, "os sentimentos vão se multiplicando pelo passar das experiências. No início, eles aparecem sob a forma de sentimentos inferiores, mas, com o tempo, esses sentimentos vão adquirindo outro colorido. Vão assumindo aos poucos um patamar de sentimentos mais superiores.

São exemplos de sentimentos inferiores, o egoísmo, o ódio, a maldade, o ressentimento, o orgulho etc. Sentimentos superiores são o altruísmo, a bondade, o perdão, a humildade, o amor e outros de teor semelhante.

Fica bastante claro que as emoções, os sentimentos inferiores promovem o desencontro e, com ele, a ansiedade e a tensão. Quando um relacionamento, fundado na expressão de sentimentos inferiores, se prolonga, é comum a instalação do estresse crônico. Destarte, é mister que nos eduquemos para a promoção de contatos interpessoais que facilitem o encontro, a paz, a harmonia.

Como complementa Camargo (p. 23): "As funções psíquicas do ser humano são aprimoráveis através de um processo educativo, que atue nos mecanismos da mente. O homem, pela sua origem extrafísica, possui uma série considerável de aptidões, que podem sofrer um desenvolvimento gradativo e harmônico, até atingir um perfeito equilíbrio físico e mental".

O psicólogo Marlon Reikdal (2015, p. 291) propõe o cultivo das emoções, comparando-as a um jardim. Se o deixarmos abandonado, em pouco tempo, veremos o caos. O mato se confundirá com a grama, as folhagens ficarão desalinhadas, algumas plantas sufocarão outras e flores sensíveis serão destruídas pela falta de cuidado e expostas às adversidades do ambiente. "Assim é nossa vida interior, quando não cultivamos nossas emoções: elas ficam escancaradas, desalinhadas, intempestivas; automatizadas ou embotadas; geram mal-estar para nós e para os outros". Adverte, porém: "O cultivo do campo emocional não é simples. Exige calma, sensibilidade e maturidade".

E, como espiritualista, conclui que somente por meio do ego harmonizado com Deus, podemos cultivar nossas emoções, conseguindo viver em paz.

O psiquiatra Augusto Cury (2015, *passim*) fala em termos de "gestão da emoção", aconselhando para a saúde emocional algumas estratégias:

- Renunciar a ser perfeito – Uma pessoa excessivamente lógica, intolerante com falhas e erros, torna-se um carrasco de sua saúde emocional, ao mesmo tempo que elimina a tranquilidade do cônjuge, dos filhos, amigos e colegas de trabalho. É preciso aumentar os níveis de tolerância e diminuir os de cobrança.
- Ter autoconsciência – Temos de penetrar as camadas mais profundas do nosso ser. Precisamos reconhecer a nossa essência, os nossos conflitos, a qualidade das nossas relações interpessoais, a nossa eficácia profissional e a realização ou não de nossos sonhos, de nossos projetos de vida.
- Diagnosticar nossos fantasmas mentais e nossas falsas crenças – Precisamos identificar os fantasmas mentais e as crenças ilusórias que danificam a nossa qualidade de vida, nossa atividade profissional e nossa rede de relacionamento social (Cury cita 38 deles, como insegurança, sentimento de culpa, sentimento de vingança, ansiedade, dependência química, egocentrismo, inveja sabotadora, autocobrança, compulsão por reclamar etc.). "Quem tem medo de olhar para si – sentencia Cury – e encontrar seus fantasmas mentais, será aterrorizado por eles a vida toda" (p. 88).

- Estabelecer metas claras – Depois de diagnosticar nossos fantasmas mentais e nossas falsas crenças, é vital que estabeleçamos metas claras, a fim de podermos saber inequivocamente onde nos encontramos e para onde queremos ir. "Metas claras são fundamentais para uma pessoa impulsiva abrandar sua reatividade; para um jovem divorciado da matemática financeira se tornar um consumidor responsável; para um executivo mal-humorado aprender a dar risada de suas tolices e de sua rigidez; para uma mulher especialista em reclamar tornar-se uma perita em agradecer" (p. 89).
- Ter foco e disciplina – Quem não tem um foco não sabe para onde seguir, gasta a energia mental de modo desacertado, esbanja tempo, trabalho e dinheiro, não elaborando os meios para chegar a seu destino. Sem foco, não temos a âncora que nos permita fixar-nos em terra firme;
- Convencer-se de que todas as escolhas implicam perdas – Para alcançar o essencial, temos de estar dispostos a perder o trivial. Quando isto não ocorre, deixamos de assumir nosso papel vital de ser autor da própria história. Por "querer levar vantagem em tudo", sem nenhuma perda superficial, há pessoas que enterram seus projetos, excluem pessoas da sua vida e chegam a abandonar a si mesmas, pela overdose de trabalho e de preocupações. Neste ponto, Cury (p. 92) encerra de modo judicioso: "Deveríamos aprender a nos abraçar e dizer algo como: *Eu te dou trabalho, mas eu te amo!*".

COPING: ENFRENTANDO A SITUAÇÃO ESTRESSORA

17

O QUE É *COPING*

Coping é uma palavra inglesa com vários significados, entre eles: enfrentamento e superação. Desse modo, costuma-se conceber *coping* como um conjunto de recursos cognitivos, emocionais e comportamentais, empregados pelo indivíduo na busca de enfrentar situações estressoras. Ocorre o estresse, quando as tensões do dia a dia mostram-se superiores à capacidade do indivíduo de dominá-las e/ou superá-las, impedindo-o de resistir e de criar estratégias para enfrentá-las. O estresse modifica a qualidade de vida do indivíduo, causando redução da motivação necessária para as atividades cotidianas, particularmente nos desafios que a pessoa encontra no dia a dia. Além do mais, provoca a sensação de incompetência, com decorrente queda da autoestima (LIPP; NOVAES, 2000). Cabe lembrar que as estratégias de *coping* são recursos utilizados pelos indivíduos para enfrentar situações de estresse negativo, assim como positivo.

A psicóloga Esther Greenglass (*apud* GADANHO, 2014, p. 10) considera que no passado, o *coping* era concebido como uma estratégia após um acontecimento estressante, porém, atualmente, é visto como algo que se pode fazer antes da ocorrência do estresse, considerando que pode ter funções positivas com destaque para o papel das crenças afirmativas na promoção da saúde. Dada a abrangência do termo hoje, podemos considerar o *coping* como preventivo e corretivo.

ESTRATÉGIAS DE ENFRENTAMENTO

Segundo os pesquisadores Lazarus e Folkman (1984), o estresse envolve uma relação particular entre a pessoa e o meio onde se acha inserida, que é considerado por ela como ameaçador e superior aos seus recursos, sendo, portanto, capaz de pôr em perigo o seu bem-estar. Para lidar com tal situação, ela busca uma estratégia que lhe pareça eficaz. Há, basicamente, dois tipos de *coping* (ou estratégia de enfrentamento), um centrado no problema, outro centrado na emoção.

➔ *Coping* focalizado no problema

O enfrentamento focalizado no problema consiste no esforço que faz a pessoa, buscando modificar a situação que provocou o estresse. Neste caso, ela pode reagir construtivamente, dilatando os recursos para lidar com a situação percebida.

Pode haver, por exemplo, um vendedor que não tenha habilidades de redação e que deteste escrever. No entanto, há um ano, por determinações superiores, os agentes de venda precisam redigir um relatório de vendas diário.

Isto lhe causa ansiedade, tensão e insatisfação cotidianas. Num dado dia, ele resolve dialogar com seu chefe, sugerindo alterações nesse relatório, de modo que possa ser preenchido um formulário, apenas apondo um xis em questões pré-definidas, sem necessidade de redigir um texto. Esta é uma forma de *coping* (enfrentamento) focado no problema. O que o vendedor busca é mudar a situação provocadora de estresse. Ou seja, seu objetivo é alterar o problema, buscando uma solução.

➔ *Coping* focalizado na emoção

O *coping* focado na emoção refere-se à expressão de respostas emocionais, a fim de evitar o problema. O indivíduo procura amenizar a tensão por meio de comportamentos como comer, chorar, gritar, fumar, beber ou desabafar diante de um amigo. O que espera é diminuir a intensidade do agente estressor. Desse modo, o *coping* focalizado na emoção tem por finalidade a redução da sensação física e mental desagradável de um estado de estresse.

Tomei conhecimento de um caso de *coping* focado na emoção, pelo seguinte relato de uma esposa aflita: "Tenho divergências religiosas e morais com o meu marido. Tais desentendimentos geram continuamente discussões acaloradas e intermináveis. Sempre que isto ocorre, ele tem por hábito sair de casa, ir até uma sorveteria próxima e empanturrar-se de sorvete. Por incrível que pareça, ao voltar, abre a geladeira e ainda consome outra quantidade dos que ali se encontram. Às vezes, jogo fora os potinhos, mas ele compra outros. E não é só: outro hábito é tomar café, após a ingestão de sorvete. Já conversei com ele a respeito disso, mas parece ser um comportamento impulsivo e inconsciente. Ele toma sorvete e café para aliviar a tensão causada pela discussão comigo. Apesar de arredio, estou tentando levá-lo a um psicólogo, para terapia de casais. Mas o caso não para por aqui: ele também se comporta da mesma forma, sempre que ocorre algum atrito no ambiente de trabalho, o que não é tão incomum. De uns tempos para cá, engordou mais de dez quilos, necessitando também de acompanhamento médico".

Este é um exemplo típico do uso continuado do *coping* focado na emoção, com o consequente prejuízo por parte da pessoa. Em geral, esta modalidade de *coping* leva a comportamentos de fuga e esquiva, isto é, um afastamento da situação causadora do problema. Mas pode também expressar-se positivamente pela ressignificação da situação, ou seja, a mudança do significado de um evento, por parte do indivíduo.

As estratégias de *coping* também costumam ser divididas em adaptativas e desadaptativas. As estratégias adaptativas são saudáveis e eficazes, como psicoterapia, meditação, técnica de relaxamento ou exercícios físicos, bem como ioga, *tai chi chuan* ou práticas semelhantes. O mesmo vale para a oração, no caso de pessoas religiosas. As estratégias desadaptativas são as que causam prejuízos para o próprio indivíduo ou para outros. É o caso do consumo descomedido de álcool, remédios ou drogas ilícitas.

Sabemos que existem variadas estratégias de *coping*. Entre aquelas focadas na modificação e resolução da situação, ou seja, focalizadas no problema, estão: o confronto, a resolução planejada do problema, a aceitação das responsabilidades, o autocontrole e a procura de suporte social. Entre aquelas focadas na emoção, estão: a reavaliação positiva, o distanciamento, assim como a fuga e evitação do problema.

Lipp (1984), em seu Inventário de Controle de Estresse, classifica as estratégias de *coping* em:

1) *Aspectos fisiológicos,* que englobam exercícios físicos, práticas gerais de nutrição e saúde, formas de relaxamento;
2) *Sistemas de apoio*, envolvendo o suporte social da família e de amigos, sessões de psicoterapia, frequência a uma igreja;
3) *Trabalho voluntário, recreação e hobbies*;
4) *Habilidades interpessoais e de controle,* que englobam treinamentos e experiências de crescimento pessoal.

É importante a verificação de quais mecanismos antiestresse estamos utilizando nas situações de tensão e angústia, a fim de corrigirmos aqueles que apenas representam a fuga do problema, trocando-os por aqueles que revelem um enfrentamento saudável e eficaz.

INTELIGÊNCIA EMOCIONAL E ESTRESSE 18

O QUE É INTELIGÊNCIA EMOCIONAL

De acordo com a Sociedade Brasileira de Inteligência Emocional (2017), define-se inteligência emocional como "a capacidade de um indivíduo administrar as próprias emoções e usá-las em seu favor, além de compreender as emoções das outras pessoas, construindo relações saudáveis e fazendo escolhas conscientes. Quem tem Inteligência Emocional sabe pensar, sentir e agir de forma inteligente e consciente, sem deixar que as emoções controlem sua vida e se acumulem de forma a reproduzir ou criar traumas".

Outra interessante definição resume-se em: Inteligência emocional é "o uso inteligente das emoções, isto é, fazer intencionalmente com que suas emoções trabalhem a seu favor, usando-as como uma ajuda para ditar seu comportamento e seu raciocínio, de maneira a aperfeiçoar seus resultados" (WEISENGER, 2001, p. 14).

O psicólogo Daniel Goleman (s.d., p. 206) conceitua inteligência emocional, a partir de seus elementos básicos:

"aprender a reconhecer, controlar e canalizar os sentimentos, empatizar e lidar com os sentimentos que surgem nos relacionamentos".

A partir destas definições, podemos concluir que, para as nossas emoções serem nossas aliadas, têm de ser expressas da maneira correta, ou seja, sem que dominem a nossa vida, sem que nos causem traumas. Elas precisam trabalhar a nosso favor e não contra nós. Lembro-me de um caso semelhante a outro já narrado. Tratava-se de um excelente vendedor, que foi promovido, sem treinamento prévio, ao posto de gerente comercial. Como o melhor vendedor da empresa, sempre atingia as suas metas e até as superava, muitas vezes. Assim, envolto em orgulho e vaidade, quando reuniu pela primeira vez a sua equipe, disse com arrogância na postura: "Como novo gerente deste setor, devo dizer que estou, primeiramente, interessado no cumprimento das metas. Não aceito desculpas e digo o que penso, doa a quem doer. Quem não estiver satisfeito, terá de pedir demissão ou será demitido por mim. Enfiem isto na cabeça: *Precisamos cumprir metas!*". O monólogo seguiu por aí. E nas outras reuniões não foi diferente. Resultado: no prazo de seis meses, a equipe inicial de vinte experientes vendedores estava reduzida a dez, e os novos componentes não tinham o mesmo tirocínio dos demais. Como consequência inevitável, o gerente comercial foi demitido por falta de atingimento de metas. Tratava-se de uma pessoa de elevado quociente intelectual, mas totalmente despreparada para lidar com a dimensão emocional do ser humano. Seu quociente emocional era baixo. Não nos basta um alto nível de inteligência racional, é preciso equilibrá-lo com a inteligência emocional.

HABILIDADES DA INTELIGÊNCIA EMOCIONAL

Bradberry e Greaves (2007, p. 26-33) apontam quatro aptidões ou habilidades da inteligência emocional, duas referentes à competência pessoal e outras duas pertinentes à competência social:

- **Competência pessoal** (Diz respeito à individualidade do sujeito)
  - Autoconsciência – É a capacidade de a pessoa conhecer a si mesma, os seus sentimentos e comportamentos. Ela permite identificar as emoções no momento em que surgem e compreender as possíveis reações frente às ocorrências. Ela também aprofunda a percepção das reações pessoais perante as variadas situações e o relacionamento interpessoal.
  - Autocontrole – Manifesta-se pelo controle do indivíduo sobre a sua maneira de reagir a situações, assim como a pessoas. Afirma o psicólogo Daniel Goleman (s.d., p. 94) que "talvez não haja aptidão psicológica mais fundamental que a resistência ao impulso. É a raiz de todo autocontrole emocional, uma vez que todas as emoções, por sua própria natureza, levam a um ou outro imulso para agir". Há emoções, por exemplo, que ocasionam um medo paralisante, que dificulta o raciocínio. Com o autocontrole, a pessoa consegue superar tais emoções. O mesmo é válido para emoções como ira, inveja, ciúme e sentimento de vingança.

- **Competência social** (Refere-se à capacidade de entender as pessoas e de interagir com elas)
  - › Consciência social – Abrange as emoções alheias, podendo captar pensamentos e sentimentos alheios. Se não considerarmos a perspectiva do outro, deixamos nos dominar por nossas emoções, o que desfavorece o relacionamento interpessoal. Daí a importância de identificar as emoções das pessoas com quem estejamos interagindo.
  - › Administração de relacionamentos – É decorrente da autoconsciência, do autocontrole e da consciência social. É a administração de relacionamentos que estabelece a capacidade da pessoa de perceber a si mesma e a os outros e de estabelecer interações positivas. Como reconhecem Bradberry e Greaves (2007, p. 33): "Saber administrar relacionamentos significa também construir ligações com os outros. As pessoas que possuem o dom da boa convivência estão cientes dos benefícios de manter contato com pessoas diferentes, mesmo aquelas de quem não gostam". Os relacionamentos sólidos refletem a capacidade de compreender os outros e de interagir adequadamente com eles.

A inteligência emocional é, pois, resultante de duas amplas aptidões: competência pessoal, que focaliza o indivíduo; e competência social, que enfoca o modo de interagir positivamente com os outros.

Goleman (s.d., p. 55-56) apresenta cinco aptidões de inteligência emocional:

- Conhecer as próprias emoções (autoconsciência) – É fundamental reconhecer uma emoção, quando ela ocorre, a fim de não se tornar dominado por ele.
- Lidar com emoções – É a habilidade de trabalhar apropriadamente com seus sentimentos, confortando-se ou livrando-se dos negativos.
- Motivar-se – Quem tem capacidade de automotivar-se tende a ter mais alta produtividade e eficácia em suas atividades. Sob tal capacidade está o autocontrole emocional, que permite conter os impulsos e adiar o prazer, para alcançar uma recompensa maior.
- Reconhecer emoções nos outros – Significa desenvolver a empatia, capacidade de saber como o outro se sente ou habilidade de colocar-se emocionalmente no lugar dele. As pessoas empáticas conseguem reconhecer os sutis sinais sociais que indicam de que os outros precisam ou o que querem.
- Lidar com relacionamentos – Indica a competência em ocupar-se com as emoções dos outros. A capacidade de relacionar-se positivamente reforça a popularidade, a liderança e a eficiência interpessoal. Como diz Goleman (p. 56): As pessoas excelentes na arte de lidar com relacionamentos "se dão bem em qualquer coisa que dependa de interagir tranquilamente com os outros; são estrelas sociais".

INTELIGÊNCIA EMOCIONAL E ESTRESSE

A partir dos conceitos anteriores, parece subentendido que a pessoa que se expressa habilmente pela inteligência emocional, já está se prevenindo contra o estresse oriundo das emoções e do relacionamento interpessoal.

Não há nenhuma pesquisa conclusiva sobre a relação entre o estresse e a inteligência emocional. Todavia, como o estresse emocional é uma resposta a situações de conflito, tensão, dissensão, ansiedade, medo, entre outras emoções, pode-se inferir que o domínio das habilidades de inteligência emocional favorece o intercâmbio positivo com os outros. Quando conseguimos identificar nossas emoções e as do outro, e quando temos habilidade para administrá-las, torna-se mais plausível um relacionamento sereno e positivo com os demais, o que previne ou alivia a ocorrência do estresse.

Certa feita, um executivo me comunicou num dos meus *workshops*: "Eu sou advogado cível e sempre procurei me aprimorar, participando de cursos, *worshops* e seminários da área, a fim de estar constantemente em dia com tudo que rege esta especialidade do direito. No entanto, fui, durante alguns anos, um excelente técnico, mas um péssimo comunicador. Ao mesmo tempo em que conseguia um cliente, perdia outro pela ausência ou demora de resposta a seus anseios e necessidades. Meu relacionamento era frio, distante, sem nenhum colorido emocional. Se, apesar disso, consegui sobreviver, foi devido à minha competência técnica. Hoje, depois de muito aprendizado, costumo agir de modo diferente. Continuo me aperfeiçoando tecnicamente, mas não descuido do tratamento dado a cada um dos meus clientes. Foi depois que mudei a minha conduta, colocando calor humano nas relações interpessoais, que consegui manter um volume positivo de clientes e até mesmo aumentar. Tanto assim que, há dois anos, estou em novo escritório e tenho sob minha direção quatro advogados. A mudança comportamental valeu a pena".

Este caso parece demonstrar que, ao se cultivarem as habilidades interpessoais por meio da inteligência emocional, ou seja, quando se desenvolve a competência social, o intercâmbio se faz de modo mais sereno, mais positivo e mesmo mais produtivo. Entretanto, quando isso não ocorre, a possibilidade ocorrência de estresse emocional é muito grande, particularmente quando esse contato é diário, provocando o estresse crônico.

A psicóloga Maria Mercedes de Beltrán (2007, p. 69-75) sugere como desenvolvimento das capacidades sociais:

- Expresse suas necessidades e seus desejos com clareza;
- Não receie em oferecer auxílio aos outros, quando necessitarem;
- Compartilhe com os demais informações sobre você mesmo, as coisas que lhe interessam e que lhe são importantes;
- Procure obter informações sobre seu companheiro(a) e seus colegas de trabalho. Tenha interesse em descobrir seus pontos em comum. Isto gera camaradagem e aproximação emocional;
- Tenha consciência das expectativas e dos desejos do outro, na relação afetiva e profissional;
- Seja generoso em seus reconhecimentos, fazendo elogios sinceros;

- Expresse a sua aceitação em relação à outra pessoa. Ouça as suas ideias e procure fazer algo da forma como ela sugere;
- Transmita empatia em suas palavras e atos;
- Conduza adequadamente o seu humor, expressando emoções agradáveis;
- Desenvolva a habilidade de escutar. Não fale apenas de si, deixe que o outro se expresse e esteja atento a suas palavras e gestos;
- Desenvolva maneiras de conciliação e de solução de conflitos, quando estes se apresentarem;
- Procure soluções favoráveis a ambas as partes;
- Pense que, para enfrentar a vida com outras habilidades emocionais, você deve mudar a si mesmo, não aos outros.

Quando, fazendo uso da inteligência emocional, nos propomos a desenvolver competências pessoais e competências sociais, estamos agindo no sentido de nos prevenir contra a ocorrência do estresse emocional ou de aliviá-lo.

ESPIRITUALIDADE E ESTRESSE 19

AS DIMENSÕES VITAIS

O ser humano vive entre duas dimensões vitais básicas: a material e a espiritual.

- Dimensão material – Corresponde aos aspectos próprios do mundo físico: o corpo somático, com todos os seus órgãos e sistemas, necessários à sobrevivência e desenvolvimento do indivíduo. Mas também o aspecto prático do cotidiano: o trabalho, os compromissos, o dinheiro, as posses materiais, as dívidas a serem pagas, os relacionamentos interpessoais, as diversões, o estudo e outras atividades próprias do mundo em que vivemos.
- Dimensão espiritual – Diz respeito a tudo que transcende a matéria. Não somos apenas um edifício de células. Nossa natureza é espiritual e quando expomos essa dimensão da existência, incorpórea e imperecível, estamos nos referindo à alma (essência espiritual do homem), à inteligência, à razão, à vontade e, particularmente, aos

valores morais do homem. É pela dimensão espiritual que o ser humano progride intelectual e moralmente. O psicólogo norte-americano, Carl Rogers (apud JUSTO, 1976, p. 17), afirma, em sua teoria da personalidade, que o homem possui uma tendência básica: realizar-se, manter-se, desenvolver-se. Segundo ele, todo organismo (conjunto psicofísicossocial) é animado de uma tendência inerente a desenvolver todas as suas potencialidades e a desenvolvê-las, de modo a favorecer-lhe a conservação e o enriquecimento. Esse desenvolvimento, no sentido intelectivo e moral, se faz por meio da dimensão espiritual do ser humano.

INTELIGÊNCIA ESPIRITUAL

Espiritualidade é a capacidade de pensar, sentir e agir, fundamentada na crença de que existe algo maior que os aspectos materiais. É o conscientizar-se de que a nossa essência não é material, mas espiritual. Para atuarmos no plano espiritual, fazemos uso de um tipo específico de inteligência: a inteligência espiritual.

Dizem os pesquisadores Danah Zohar e Ian Marshall (2000, p. 17-19) que inteligência racional é a que usamos para solucionar problemas lógicos ou de grande importância. A inteligência emocional nos dá a percepção dos nossos sentimentos e dos sentimentos dos outros. Dá-nos empatia, compaixão, motivação e capacidade de reagir apropriadamente à dor e ao prazer, além de constituir requisito básico para o emprego efetivo da inteligência racional. Já a inteligência espiritual, chamada *terceira inteligência*, "dá-nos capacidade de escolher. Dá-nos senso moral, a capacidade de temperar normas rígidas com compreensão e compaixão e igual capacidade de saber quando a compaixão e a compreensão chegaram a seus limites". Utilizamos a inteligência espiritual "para lutar com questões acerca do bem e do mal, e imaginar possibilidades irrealizadas – sonhar, aspirar, nos erguermos da lama".

Como considera o psicólogo Floriano Serra (2004, p. 43): A inteligência espiritual "é uma terceira inteligência, que coloca nossos atos e experiências num contexto mais amplo de sentido e valor, tornando-os mais efetivos. Ter alto Quociente Espiritual implica ser capaz de usar o espiritual para ter uma vida mais rica e mais cheia de sentido, adequado senso de finalidade e direção pessoal".

Serra (p. 52-53) afirma que Danah Zohar, coautora de "QS: inteligência espiritual", durante uma palestra ministrada em São Paulo, sugeriu uma lista de dez características das pessoas que usam a inteligência espiritual:

- São pessoas que praticam e estimulam o autoconhecimento.
- São pessoas idealistas, motivadas por visão e valores.
- São pessoas que têm capacidade de lidar com as adversidades.
- São pessoas que têm visão holística.
- São pessoas que celebram a diversidade.
- São pessoas independentes, que acreditam no que fazem.
- São pessoas que perguntam sempre: "Por que?".
- São pessoas que agem com espontaneidade.
- São pessoas que têm compaixão.

- São pessoas que têm a capacidade de colocar as coisas num contexto mais amplo e de administrar sua participação nelas.

Além de serem as características principais de quem usa a inteligência espiritual, elas exemplificam traços do perfil de quem utiliza a Terceira Inteligência. A inteligência espiritual está presente na espiritualidade do ser humano, essa disposição à busca de um sentido maior, que transcenda a amplitude da dimensão material. Espiritualidade é a característica essencial de quem dá prioridade à sua dimensão espiritual, sem desconsiderar a dimensão material de sua vida. E a espiritualidade tem relação direta com o estresse.

ESPIRITUALIDADE E ESTRESSE

Um dos conceitos de espiritualidade lembra a noção de autotranscendência, desenvolvida por Viktor Frankl, segundo a qual o indivíduo deve sair da sua concha e buscar contato com o mundo exterior, com o próximo, com Deus. Neste caso, a espiritualidade é entendida como o anseio humano primordial pela busca de significado para a vida, necessidade maior de cada um de nós.

Para o Dalai Lama, espiritualidade é aquilo que leva à transformação interior do ser humano. O teólogo Leonardo Boff, em concordância com Frankl e o Dalai Lama, afirma que precisamos de "verdadeiras transformações alquímicas, capazes de dar um novo sentido à vida ou de abrir novos campos de experiência e de profundidade rumo ao próprio coração e ao mistério de todas as coisas" (BOFF, 2006, p. 14).

Marcela Cappato (2018) elenca as principais características da espiritualidade:

- Amor ao próximo – Ter empatia com os outros, isto é, colocar-se emocionalmente no lugar dos outros. E também transmitir ao mundo aquilo que gostaríamos que todos compartilhassem conosco. É uma forma de expressar a "regra de ouro": *"Tudo que quereis que os homens vos façam, fazei-o também a eles"* (Mt, 7:12).
- Honestidade – Devemos vigiar os nossos próprios atos e não a conduta do próximo. A honestidade presente apenas nas palavras, no discurso não passa de hipocrisia.
- Fé – Não importa qual seja a nossa religião, precisamos crer nos seus princíios morais. Materializamos aquilo em que realmente cremos.
- Paz – Por meio da diplomacia e da comunicação, precisamos buscar a conciliação com os nossos amigos e também com aqueles que se dizem nossos inimigos. Viver em paz é também viver com o sentimento de fraternidade em relação ao próximo, o que afugenta as dissensões. A paz deve nascer em nosso íntimo e espalhar-se entre aqueles com quem nos relacionamos.
- Hábitos saudáveis – Hábito é a nossa maneira usual de ser, são os costumes que incorporamos em nossa conduta diária. Daí a importância de aplicarmos em nossa rotina hábitos saudáveis, que propiciem o nosso desenvolvimento interior e a convivência pacífica com os demais. Mas os

hábitos saudáveis abrangem desde a alimentação e exercícios físicos como pensamentos elevados e sentimentos nobres.

Estas, segundo Cappato, são as cinco características da espiritualidade. Isto nos permite inferir que a pessoa que as possua está construindo a seu redor um escudo protetor contra a eclosão do estresse ou, pelo menos, está tendo condições de administrá-lo.

Se somos espíritos revestidos de um corpo físico, a dimensão mais importante da nossa vida é a espiritual. Como diz o pensador Ralph Waldo Trine (s.d., p. 18): "O feito capital da vida humana é adquirir a consciência e efetividade de nossa união com a Vida Infinita e abrir completamente o nosso ser ao seu divino influxo".

O pensador francês, Teilhard de Chardin parece confirmar Trine, ao dizer que "não somos seres humanos passando por uma experiência espiritual, mas seres espirituais passando por uma experiência humana". Reflete o mesmo pensamento o escritor grego Nikos Kazantzakis, ao afirmar: "Não somos seres humanos numa jornada espiritual, mas seres espirituais numa jornada humana". Isto parece ser confirmado também pelo escritor francês Antoine de Saint Exupéry, quando fala pela boca do seu personagem principal, o Pequeno Príncipe: "O essencial é invisível aos olhos". E podemos, ainda, citar o educador brasileiro Herculano Pires, quando considera (1982, p. 210): "O homem é espírito que se projeta num corpo animal e dele se serve para a viagem existencial".

A espiritualidade pressupõe o interesse do indivíduo em sua plenitude de vida e em seu desenvolvimento contínuo para chegar à vida plena. E esse desenvolvimento passa pela vivência de qualidades (virtudes), como fraternidade, compaixão, humildade, perdão, compreensão, tolerância e paciência. Tais qualidades morais facilitam o convívio entre as pessoas. E, assim, promovem a harmonia, a paz e a serenidade nos relacionamentos interpessoais, por serem estados de espírito que se contrapõem à tensão, à ansiedade, à angústia, enfim, ao estresse.

A conclusão a que chegamos é que a vivência constante da espiritualidade é um obstáculo à instalação do estresse na vida das pessoas. Mesmo não sendo fácil a permanência do viver espiritualizado, o esforço contínuo no sentido de obtê-lo já se constitui num fator de promoção da harmonia, da paz e da serenidade na vida do ser humano. Melhor, portanto, nos focarmos mais na dimensão espiritual da nossa vida, do que na dimensão material, que, sem dúvida, também é importante. Todavia, focalizados na dimensão espiritual do nosso existir, estamos promovendo a nossa melhoria de vida e prevenindo ou administrando o estresse.

20 SUPERANDO A PREOCUPAÇÃO ESTRESSANTE

Muitas pessoas vivem diariamente ansiosas e preocupadas, em uma ou nas diversas áreas de sua vida. A ansiedade, como já vimos, está associada ao medo irracional, aflição, preocupação excessiva, angústia e a uma demasiada inquietação interior, provenientes do pressentimento de perigo e insegurança. O psicólogo humanista, Rollo May, define ansiedade como "a apreensão deflagrada por uma ameaça a algum valor que o indivíduo considera essencial para a sua existência como personalidade" (MAY, 1980, p. 200).

Já a preocupação pode ser entendida como uma ideia fixa e antecipada, que perturba o espírito ao ponto de lhe causar sofrimento moral. É uma inquietação, apreensão, que se convertem em pensamento dominante que se antepõe a qualquer outro. Vamos a um relato ilustrativo:

Soube, por meio de um aluno, do caso de uma senhora, cujo filho adolescente gostava de frequentar baladas às sextas-feiras e aos sábados. Apesar de todo conselho que dava ao garoto, assim que, na sexta-feira, ele deixava a casa, ela começava a se remoer em pensamentos apreensivos. Não conseguia dormir e somente voltava a sentir-se bem, quando ele abria a porta da casa, lá pelas seis ou sete horas da manhã. Durante esse tempo, ela ligava duas ou três vezes para ele, mas raramente recebia uma resposta, o que aumentava a sua aflição, que apenas cessava, quando ele chegava em casa. Assim, a partir da tarde de sexta-feira, a inquietude já começava a tomar conta da sua alma, pois se avizinhava o momento em que o filho deixaria o lar e voltaria apenas muitas horas depois. A noite e a madrugada seguintes levavam novamente a aflição e a preocupação ao coração dessa mãe. Isso acontecia todos os finais de semana. Depois de dois anos, vivendo esses momentos de ansiedade, apreensão e preocupação, essa senhora passou a ter complicações cardíacas, que somente desapareceram, quando, influenciado pela nova namorada, o filho passou a acompanhar as práticas de uma casa espírita cristã, pondo de lado o hábito de frequentar baladas. Neste breve relato, vemos as consequências graves a que pode chegar quem vive envolvido em apreensão, ansiedade e preocupação. Mas as consequências podem ser ainda mais desastrosas.

Em termos de preocupação, é bastante conhecido o caso do engenheiro, que se tornou presidente da Carrier Corporations, Willis H. Carrier. Ainda jovem, foi encarregado de instalar numa fábrica um aparelho de purificação de ar. A finalidade era remover as impurezas do gás, a fim de que pudesse queimar sem danificar as máquinas. Entretanto, para seu desalento, Carrier descobriu que esse novo sistema de depuração de gases não era muito eficaz, apesar do custo elevado. A partir desse momento, a inquietação, a ansiedade e a preocupação tomaram conta de sua alma ao ponto de ficar algum tempo sem conseguir dormir. Foi quando chegou à conclusão de que a preocupação não estava auxiliando em nada, que Carrier começou a pensar num meio que lhe permitisse defrontar-se com o problema de modo racional. Surgiu daí um método simples e eficaz de superar a preocupação. É composto por três passos: 1) Pergunte a si mesmo qual a pior coisa que lhe pode acontecer, a partir do problema que o preocupa; 2) Prepare-se para aceitar o pior, se for necessário; 3) Raciocine como pode melhorar a situação, partindo do pior.

Usando desse método, Carrier resolveu satisfatoriamente o problema e concluiu que não poderia ter agido por meio do raciocínio tranquilo, se tivesse continuado a se atormentar e preocupar, pois a preocupação inviabiliza a capacidade de concentração. Somente quando nos decidimos a enfrentar o pior – conclui – e o aceitamos mentalmente, é que conseguimos nos concentrar e raciocinar a respeito do problema que temos de solucionar. O método é tão valioso e prático, que Carrier o usou durante toda sua vida para solucionar os mais diferentes tipos de problemas.

Esta passagem foi narrada por Dale Carnegie (2012) numa de suas obras, lembrando ainda que William James teria aprovado essa fórmula, pois chegou a dizer que o primeiro passo para superar as consequências de qualquer adversidade é exatamente a aceitação do que aconteceu.

Tanto a ansiedade como a preocupação podem ser usadas construtivamente em nosso cotidiano, se consideradas como um desafio para a solução de problemas. É certo que não podemos viver sem problemas, como não podemos viver sem ansiedade. Assim, o nosso objetivo de vida não é a ausência total de ansiedade, visto que ela é inevitável. Precisamos, no entanto, saber lidar com ela. Afirma Rollo

May (1980, p. 345): "Um oficial que não sentisse ansiedade por seus homens em vésperas de batalha seria irresponsável, e servir sob o seu comando seria perigoso. Talvez fosse desnecessário acrescentar que viver totalmente sem ansiedade num período histórico como o atual implicaria uma visão irreal e insensível de nossa situação cultural e denunciaria uma atitude irresponsável em face de nossos deveres como cidadãos". O que não podemos é deixar nos envolver pela ansiedade, inquietação e preocupação, de modo a nos tornarmos amarrados, inertes, sem possibilidade de resolver racionalmente o problema que temos diante de nós. Transformemos a atitude de preocupação na motivação para a solução de problemas, conseguindo, assim, a força para ultrapassar a paralisação e alcançar a reflexão serena que nos conduz à vitória.

Sibyl F. Partridge escreveu um breve texto, intitulado "Somente por Hoje", em que, ao dizer a cada dia essa frase, seguida de um pensamento construtivo, nos alimentamos de otimismo para conseguir viver em plenitude. Resumirei alguns desses pensamentos:

- Somente por hoje, serei feliz. Isto parece confirmar o que disse Abraham Lincoln, isto é, "muitas pessoas são quase tão felizes quanto tenham decidido ser". A felicidade nasce em nosso íntimo, não vem do exterior.
- Somente por hoje, procurarei ajustar-me à realidade, não procurando ajustar tudo aos meus próprios desejos.
- Somente por hoje, cuidarei do meu corpo. Vou exercitá-lo, cuidarei dele, irei alimentá-lo, não me excederei no seu uso nem o menosprezarei, a fim

de que seja um mecanismo perfeito sob o meu comando.

- Somente por hoje, tentarei fortalecer a minha mente. Aprenderei alguma coisa útil. Não serei um ocioso mental. Lerei algo que exija esforço, raciocínio e concentração.
- Somente por hoje, exercitarei a minha alma de três modos: prestarei um bom serviço a alguém, sem que ninguém tome conhecimento. E farei ao menos duas coisas que não tenha vontade de fazer, assim como William James sugere, apenas como exercício.
- Somente por hoje, serei agradável. Terei a melhor aparência possível, irei me vestir da maneira mais correta, manterei minha voz baixa, agirei com cortesia, serei liberal com elogios, não farei nenhuma crítica, não me concentrarei em nada errado, assim como não procurarei melhorar nem controlar ninguém.
- Somente por hoje, procurarei viver apenas o próprio dia de hoje, sem buscar solucionar de uma vez os problemas de toda a minha vida.
- Somente por hoje, terei um programa. Anotarei o que espero fazer em cada hora. Talvez não o siga exatamente, mas, de qualquer maneira, mas o terei. Terá a utilidade para eliminar dois males: a pressa e a indecisão.
- Somente por hoje, passarei meia hora tranquila, completamente só, e repousarei. Nessa meia hora, pensarei em Deus, de modo a conseguir um pouco mais de perspectiva na minha vida.

- Somente por hoje, não terei medo, principalmente medo de ser feliz, de apreciar o que é belo, de amar. Nem terei medo de pensar se as pessoas que amo, também me amam.

Este é um programa de ação diária que, sendo cumprido, muda a visão negativa de mundo, evita ansiedade, aflição e preocupação, ao mesmo tempo em que favorece uma vida plena e feliz.

Dale Carnegie também apresenta este mesmo programa e acrescenta que, se desejarmos desenvolver uma atitude mental de paz e felicidade, o primeiro princípio é: "Pense e aja alegremente, e você se sentirá alegre" (2012, p. 139). Poderíamos acrescentar: Pense e aja como um vencedor e você o será, eliminando as preocupações estressantes da sua vida!

"Todas as vezes em que se perceber ansioso e tenso por um futuro cheio de dificuldades, além de respirar e focar no presente, você deve inverter os seus pensamentos e redirecioná-los". Eis o caminho, segundo Kareemi (2018):

1. Tenha consciência dos mecanismos da ansiedade em relação a seu futuro.
2. Respire lenta e profundamente e centre-se no presente.
3. Inverta o pensamento.

"Não desperdice seu tempo, inteligência e energia com frutos imaginários e pesados da sua ansiedade. Viva no presente, em atenção plena e harmonia com o que está acontecendo agora" (KAREEMI, 2018, p. 171-172).

RESSIGNIFICAÇÃO: ATRIBUINDO UM NOVO SENTIDO À VIDA

21

Há situações que podemos mudar, de acordo com a nossa vontade. Porém, há outras que não dependem de nós. E, em muitos casos, esses eventos nos são extremamente desagradáveis e estressantes. Em tais circunstâncias, o que podemos fazer? Vou narrar um caso, que ilustra de modo simples e claro o que estamos afirmando. Trata-se de uma estudante universitária, ainda caloura, que, devido à timidez, ficava totalmente isolada numa classe de oitenta alunos. Todas as noites, ela entrava na sala de aula e seguia diretamente para sua cadeira, mal cumprimentando quem encontrava à sua frente. Sentava-se, abria um livro e ficava estudando até chegar o primeiro professor. No intervalo das aulas, permanecia na sala, estudando o tema da próxima aula. Ao final, ela saía rapidamente e seguia sozinha para sua casa. É bom que se diga, tratava-se de uma aluna interessada e muito competente, mas totalmente apartada dos colegas de classe.

Entretanto, a partir do segundo mês, tiveram início os trabalhos em equipe e ela quase surtou. Não conhecia ninguém, não falava com ninguém, como fazer parte de uma equipe? No seu conceito subjetivo, os colegas eram arrogantes, fúteis, imaturos, incompetentes e moralmente desencaminhados. Desse modo, ela não só ignorava como fazer parte de uma equipe, como também não tinha interesse nisso. Solicitou aos professores a entrega de trabalhos individuais, mas não obteve sucesso. Já pensava em abandonar o curso, quando um colega, que notara o seu problema, aproximou-se dela e perguntou se aceitava fazer parte da sua equipe. Pega de surpresa e vendo nesse convite a sua tábua de salvação, ela aceitou e começou a participar nas reuniões para estudo e redação das monografias. Dada a sua dedicação incomum, logo os colegas notaram que ela possuía um alto grau de conhecimento e a escolheram para redigir os trabalhos e explicá-los detalhadamente a cada participante.

Foi nesse encontro, totalmente novo para ela, que a aluna aplicada começou a modificar a sua visão a respeito dos colegas de classe. É verdade que nem todos na sala lhe eram simpáticos, mas conseguiu enxergar com melhores lentes aqueles que antes eram motivo de ansiedade, preocupação e estresse. Muitos se tornaram, durante os anos de curso, bons companheiros e alguns até amigos. A mudança perceptiva foi tão intensa nos anos seguintes que, na formatura, foi escolhida como oradora. Nesse momento, a sua percepção de tudo o que ocorrera naqueles anos de estudo estava totalmente transformada e ela confessou àqueles que lhe eram mais próximos a saudade que sentia dos momentos de reflexão, aproximação e amizade entre eles.

A visão dos colegas que tinha essa aluna, ao iniciar o curso, era extremamente negativa. Com o passar do tempo, mudou e ela conseguiu integrar-se à equipe. Ela não conseguiria mudar o modo de ser dos alunos, mas conseguiu mudar a sua visão a respeito deles. Na verdade, ela ressignificou a situação. Ela mudou as lentes com que enxergava os colegas e conseguiu viver em harmonia por cinco anos junto aos colegas de classe.

Diz-se comumente que ressignificação é o método que permite ao indivíduo atribuir novo significado a um acontecimento, por meio da mudança da visão sobre ele. Podemos chamar de mapa da experiência a representação que fazemos da realidade. Mapa é justamente o modo como vemos, representamos e assimilamos a realidade. Mudando o mapa, mudamos a percepção que temos do mundo. O'Connor e Seymour (1990, p. 142) admitem que "ressignificar significa enxergar uma provável vantagem e representar a experiência de forma que favoreça nossos objetivos".

Pela ressignificação, conseguimos obter um significado positivo para algum evento frustrante. Quando nos deparamos diante de um evento, temos de decidir como vamos lidar com ele. O acontecimento pode não se alterar, mas a visão que temos dele depende exclusivamente de nós. No caso que relatei, a princípio, a jovem universitária tinha uma visão altamente estressante do contato com os colegas, o que dificultava a sua permanência em sala de aula. Todavia, quando ela mudou a sua percepção a respeito deles, o que era extremamente desagradável passou a ser percebido como muito prazeroso, de tal modo que, ao terminar o curso, ela conservou amizades que tinham nascido naquele mesmo ambiente.

Ao ressignificar um acontecimento, estamos nos concedendo a chance de transfigurar algo estressante em algo agradável. Nessa circunstância, o nosso estado de espírito se altera da ansiedade para a serenidade.

O psiquiatra Gerald Jampolsky (1992) considera que há duas maneiras de se ver o mundo: uma pelos olhos do ego e a outra pelos olhos do amor. Amor e ego seriam as duas instâncias centrais da psique. Ego, para ele, é "uma parte de nós que acredita que nossa identidade é limitada ao corpo e ao eu-personalidade, nascido apenas para morrer. Ele rejeita a existência de uma identidade espiritual, isto é, um eu que não está limitado pelas formas físicas. [...] A principal mensagem transmitida pelo ego é o medo" (JAMPOLSKY; CIRINCIONE, 1992, p. 21). O amor é a outra instância básica da psique. "O amor observa o mundo de um modo completamente diferente. Do ponto de vista do ser espiritual, que é o amor genuíno, o propósito das nossas relações é experimentarmos a união a outras pessoas, e lembrarmo-nos de que o amor é a única realidade que existe. [...] O amor encara os relacionamentos como oportunidades para aprendermos e como desafios para o nosso crescimento pessoal. Em vez de nos induzir a considerar as relações perigosas e temerárias, ele nos auxilia a vê-las como possibilidades para amarmos e aprendermos que, através delas, podemos vislumbrar a face de Deus na outra pessoa, fazendo-nos lembrar da nossa própria santidade" (JAMPOLSKY; CIRINCIONE, 1992, p. 23).

Jampolsky parte da premissa de que, conforme pensamos, percebemos. Assim, se pensamos favoravelmente a um evento, a nossa percepção, isto é, a nossa visão sobre ele será positiva. Caso contrário, a nossa visão será negativa. São nossos pensamentos que criam em nossa mente a percepção que temos da realidade à nossa volta. Pensamentos de rancor e ódio projetam um mundo rancoroso e cheio de ódio. Já pensamentos de amor e paz criam um mundo harmonioso e pleno de amor. "Podemos retreinar nossa mente para termos apenas pensamentos de amor e paz, uma escolha que podemos renovar a cada momento, todos os dias. Quando tomamos essa atitude, assumimos a responsabilidade pelas nossas próprias projeções e relacionamentos e optamos por criar relações positivas, cheias de amor e bem-sucedidas". E Jampolsky conclui: "Em resumo, a percepção é o que experimentamos em consequência dos nossos pensamentos e sentimentos projetados da nossa mente sobre o mundo. O que pensamos ver com nossos olhos nada mais é do que um reflexo dos nossos pensamentos" (JAMPOLSKY; CIRINCIONE, 1992, p. 23).

O pensamento de Jampolsky aproxima-se do conceito de ressiginificação, pois ele está dizendo para darmos um novo significado à realidade em que nos achamos inseridos. E deixa claro que a decisão a cabe a cada um de nós: enxergar um mundo de separação e medo ou um mundo de encontro e amor. Isto fica claro, quando ele considera: "Se eu ficar irritado, frustrado e nervoso, me lembrarei de que existe um outro jeito de apreciar o mundo, e posso preferir avaliar meu nervosismo atual de outra maneira" (JAMPOLSKY; CIRINCIONE, 1992, p. 139).

Qualquer acontecimento pode ser ressignificado. Podemos, portanto, sempre encontrar um novo sentido para um evento que estejamos percebendo como desagradável. O significado dos acontecimentos em nossa vida depende da lente (filtro, mapa) que estivermos usando. Ao fazer uso da ressignificação, estamos, na verdade, trocando as lentes, o filtro (ou mudando a visão) e passando a enxergar a mesma realidade de modo diferente. Mudando o significado, os pensamentos, sentimentos e atos também se modificam.

A especialista em administração do estresse, Joan Borysenko, explica: "Cada dia apresenta escolhas sobre a tela de referência através da qual você opta ver os fatos. O congestionamento lhe aborrece a ponto de você buzinar e praguejar ou ele pode ser um momento para relaxar, respirar e ouvir uma música? A sujeira na sala da frente é uma razão para se queixar ou somente um vestígio de um cachorro com patas grandes e sujas de lama que você tanto adora?". E prossegue: "Além das várias telas de referência pequenas, existem outras maiores que o acompanham pela vida inteira. Uma pessoa escolhe se aborrecer até o dia da sua morte, porque a mãe trabalhava fora e raramente fazia o jantar para a família. Outra atribui a sua predileção por cozinhar exatamente pelas mesmas circunstâncias" (BORYSENKO, 2007, p. 150). A maior parte das pessoas tem problemas crônicos que a ressignificação pode mudar.

"O pensamento é seu ato criador – diz Lauro Trevisan –. Portanto, a primeira coisa a fazer para modificar sua situação é mudar os pensamentos, pois esses que hoje dominam a sua mente são a causa da sua história atual. [...] O passo seguinte é determinar o que você quer que aconteça. Sim, agora crie a solução. Imaginar e visualizar a solução é muito simples, basta responder a esta pergunta: 'Como eu quero que seja?'. Ponha detalhes, clarifique bem a solução e imagine que já está de posse da solução. Por enquanto, não se preocupe como vai chegar ao desiderato. Apenas imagine tudo resolvido e você muito feliz. [...] Tudo que você deve fazer é criar pensamentos ou imagens daquilo que pretende que aconteça na sua vida e aceitá-los como verdade sua" (TREVISAN, 2014, p. 72-73). Quando mudamos os nossos pensamentos e sentimentos, estamos dando um novo significado à situação que estejamos vivendo.

A ressignificação é importante particularmente porque permite que percebamos a realidade com novos sentimentos, opostos à ansiedade, à preocupação, à tensão, de modo a enxergar com lentes de serenidade a mesma realidade que antes nos oprimia. Sempre que nos sentimos perante um novo acontecimento, o seu significado vai depender da "moldura" em que o percebemos. É semelhante a um quadro que tenha uma moldura que nos desagrade. Enquanto estiver assim, não nos dará nenhum prazer estético. Porém, se mudarmos a moldura para uma que nos agrade, passaremos a contemplar aquela obra com novos olhos, sentindo-nos bem.

Função basilar da ressignificação é eliminar pensamentos negativos, emoções desagradáveis e crenças limitantes, de modo a tornar a agradável a percepção da mesma realidade que antes nos estressava. É, portanto, um meio de prevenir e controlar o estresse, propiciando uma vida mais plena e serena.

nossos pensamentos e sentimentos, dando um novo significado à situação que estejamos vivendo.

[illegible]

COMO LIDAR COM O ESTRESSE 22

AS DUAS VIAS

Segundo Goldoni (2016), os fatores hereditários e ambientais representam por volta de 35% das causas do estresse. Já o estilo de vida provoca a ocorrência de 65% dos casos de estresse. À vista disto, a mudança para hábitos mais saudáveis poderia levar a um aprimoramento da qualidade de vida e à redução da ação destrutiva do estresse sobre o organismo e a mente.

Há duas vias para lidar com o estresse. Uma corresponde a evitar que os fatores de estresse possam provocar-nos dano. Com isto, nos antecipamos ao estresse, não permitindo que os agentes estressores nos atinjam. De fato, há situações que podemos evitar e outras que podemos criar, para que não ocorra o estresse. É o caso de mudarmos nossa rotina, saindo de casa mais cedo, para livrar-nos do congestionamento matutino; é também o caso de fazermos uso da paciência e da tolerância no trato com os colegas de trabalho; é, ainda, a disposição para criarmos hábitos saudáveis, preservando-nos, por exemplo, do fumo e do álcool.

A segunda via é ampliarmos a resistência aos fatores de estresse, isto é, aumentarmos o nosso *limiar de estresse*. Chamamos limiar de estresse à capacidade que tem o organismo de retornar ao equilíbrio, interrompido por algum estímulo estressante. Quanto menor é o limiar, maior é a ocorrência de estresse; e quanto maior é esse limiar, menor o estresse. Como considera Goldoni (p. 189): "Essa capacidade é individual, inerente a cada um e varia de acordo com a circunstância e com o estado do sujeito naquele momento em particular. Porém, você pode aumentar esse limiar, se assim o desejar". Veremos, a seguir, algumas práticas que podem melhorar a qualidade de vida e diminuir o efeito que os fatores de estresse têm sobre ela.

ADMINISTRANDO O ESTRESSE

É essencial que melhoremos a nossa qualidade de vida, eliminando a possibilidade de ocorrência do estresse ou diminuindo o impacto dos estressores. Para isso, há várias estratégias que podemos adotar. Como consideram pesquisadores, é importante que administremos o estresse na sua "fase de alerta", considerada positiva. Quando ultrapassamos essa etapa, seguindo para as etapas de "resistência", "quase exaustão" e "exaustão", tem início o desgaste, o cansaço, a depressão, as doenças graves e até, em casos extremados, a morte.

Entre as medidas que podemos adotar para lidar com o estresse, estão:

- Acompanhamento médico constante – Quando temos o hábito de procurar orientação médica, estamos nos preparando para a elevação e manutenção da qualidade de vida, de modo a podermos funcionar organicamente em estado de excelência.

- Acompanhamento psicológico, sempre que necessário – A psicoterapia e o aconselhamento psicológico nos fornecem meios, para que possamos enfrentar eficazmente os problemas do cotidiano, trabalhando no sentido de uma vida em plenitude.
- Homeopatia – A homeopatia é um tipo de tratamento que faz uso das mesmas substâncias que provocam os sintomas para tratar ou aliviar variados tipos de doenças. Como diz o médico homeopata Cid Paroni Filho (2010, p. 28): "Existe um princípio da farmacologia segundo o qual uma substância química, numa determinada concentração, causa um efeito e, quando essa mesma substância é diluída, provoca um efeito totalmente inverso. É o veneno contra o próprio veneno". O princípio homeopático é o da similitude: curar o semelhante pelo semelhante. A homeopatia busca ajudar a pessoa a manter um melhor equilíbrio do organismo e da psique, a fim de que possa lidar com a tensão, a ansiedade, o estresse do cotidiano. E, com isso, possibilitar a melhoria na qualidade de vida.
- Acupuntura – Trata-se de uma terapia que estimula o próprio organismo a melhorar seu funcionamento e o leva ao equilíbrio (homeostase) por meio da aplicação de agulhas em pontos específicos no corpo (meridianos). Além de lidar com o físico, afirmam os acupunturistas que o método

atua sobre os neurotransmissores responsáveis pelos sintomas do estresse.

- Musicoterapia – Consiste num conjunto de técnicas fundamentadas na música e empregadas no tratamento de problemas, tanto somáticos como psíquicos. Em outras palavras, a musicoterapia é uma técnica terapêutica que se utiliza da música para tratar seus pacientes. Dizem os musicoterapeutas que essa técnica é eficaz, como auxiliar terapêutico, para lidar com os sintomas do estresse, na medida em que favorece a tranquilidade, a serenidade.
- Biodança – Trata-se de um método auxiliar terapêutico, criado e desenvolvido pelo psicólogo chileno, Rolando Toro Araneda. A biodança propõe integrar e desenvolver potenciais humanos por meio da dança, música e situações de encontro grupal. É sua pretensão integrar as vivências da vida com os movimentos praticados no ato de dançar. Entre os benefícios da biodança, de acordo com seus terapeutas, estão: elevação da autoestima e motivação para a vida, resgate da alegria de viver e desenvolvimento dos vínculos afetivos consigo mesmo, com o outro e com a natureza.
- Florais – É a terapia auxiliar que, por meio do uso de essências florais, tem o objetivo de obter equilíbrio mental e emocional, estimulando a autocura e tendo o foco no indivíduo e não na doença ou nos sintomas. Os florais de Bach, criados por Edward Bach, são essências de flores e plantas que podem

ser utilizadas como tratamento complementar contra doenças e desequilíbrios emocionais. Há também outros, como os florais da Califórnia, os florais de Minas e os florais do Alasca.

- Atividade física – Realizar exercícios físicos é tão importante para quem deseja prevenir-se do estresse como para aquele que já carrega as suas consequências adversas. O sedentarismo é um grande inimigo de quem quer se prevenir ou livrar-se do estresse. A prática regular de atividade física é das maneiras mais eficazes e divulgadas de combater o estresse. Entre os benefícios da prática habitual de exercícios, podemos listar: melhora a circulação sanguínea; contribui para o bom funcionamento dos órgãos, como coração, estômago, intestinos; fortalece o sistema imune; ajuda a emagrecer; fortalece os ossos e músculos; diminui o risco de morte prematura por doenças cardiovasculares, diabetes do tipo II e câncer do cólon; reduz os níveis de ansiedade e depressão; melhora o humor; aumenta a sensação de bem-estar e autoestima; promove o bem-estar psicológico em geral e aprimora a qualidade de vida. Enfim, por meio de outros muitos benefícios, a atividade física promove a boa forma do indivíduo, isto é, o estado que possibilita melhorar e manter a capacidade de resistir e tolerar as exigências internas e externas, sem prejuízo físico e psicológico. Respeitando-se as condições do organismo de cada um e a sua idade, são exemplos de exercícios físicos: ginástica em geral, hidroginástica, pilates, natação, caminhada, alongamento, aeróbica, musculação, bike, zumba, jazz, capoeira, esportes, ioga, *tai chi chuan, chi kung, taekwondo* e outras atividades mais.

- Repouso – Se o organismo necessita de atividade física, também precisa de descanso, precisa de sono. Cuidar do sono, assegurando que ele dure o necessário e seja de qualidade, é fundamental para a manutenção do bem-estar físico e psicológico. A quantidade de horas necessárias ao sono varia de acordo com a idade. Em geral, para o adulto saudável, recomendam-se em média oito horas para promoção do equilíbrio da saúde, porém, como bem diz Goldoni (2016, p. 193-194): "Vale frisar "em média", pois cada indivíduo tem uma necessidade particular: Uns precisam de dez horas para se sentir plenamente refeitos; para outros, cinco horas já são mais do que suficientes. Lembre-se: não existem receitas prontas". De qualquer modo, precisamos de um sono tranquilo e confortável para repor a energia necessária à manutenção da saúde. E não podemos nos esquecer de que também precisamos de certos períodos de descanso durante o trabalho. Jornadas com carga horária excessiva podem ocasionar adoecimento e acidentes do trabalho. Existe legislação específica para isso (Direito do Trabalho), mas convém ainda lembrar que o gozo das férias é de fundamental importância para a manutenção física e psicológica do trabalhador.
- Alimentação – Para estabelecimento e manutenção da saúde se faz necessária uma alimentação adequada, evitando-se as deficiências nutricionais

e os maus hábitos alimentares. A boa alimentação fornece equilíbrio ao organismo e aumento da resistência para fazer frente aos fatores de estresse. Neste sentido, deve-se evitar a constância no *fast-food*, que é rico em gorduras saturadas, carboidratos simples, sal, gordura e conservantes artificiais. Além do alto teor de calorias, que propicia o ganho de peso. Devem-se ter cuidados na alimentação, como beber café em demasia, pois a cafeína aumenta os níveis de cortisol, o hormônio do estresse, assim como o excesso de carnes vermelhas e os laticínios; manter inalterados os horários das refeições; beber muita água, que é fundamental para o bom funcionamento do organismo; não comer de forma compulsiva; mastigar bem os alimentos. Outro hábito saudável é dar preferência a uma alimentação variada, com frutas e legumes. Também deve-se dar atenção a não utilizar o horário de almoço para resolver problemas particulares, deixando de lado a alimentação. A alimentação balanceada facilita o equilíbrio do organismo e, com ele, a manutenção da saúde, necessária para se evitar o estresse. Lembrando, ainda, que a má alimentação, além de afetar os níveis de estresse, reduz igualmente a imunidade, podendo levar a graves problemas de saúde.

- Lazer – O sociólogo Jofre Dumazedier (1976, p. 94) conceitua lazer como "um conjunto de ocupações às quais o indivíduo pode entregar-se de livre vontade, seja para repousar, seja para divertir-se, recrear-se e entreter-se ou, ainda, para desenvolver sua informação ou formação desinteressada, sua participação social voluntária ou sua livre capacidade criadora, após livrar-se ou desembaraçar-se das obrigações profissionais, familiares e sociais". Segundo ele, o lazer tem caráter desinteressado, sem fim lucrativo, hedonístico e de satisfação pessoal. Quando nos entretemos com o lazer, a rotina deixa de existir, deixando lugar à liberdade e ao prazer. O lazer varia de pessoa para pessoa, podendo concretizar-se numa coleção de selos ou de moedas, em passeios diante da natureza, passeio com o cachorro, redação, leitura, teatro, cinema, turismo, música, culinária, marcenaria, artes plásticas, dança, esportes, visitas e tantas outras atividades desligadas do trabalho e da obrigação.

- <u>Convivência harmoniosa com a família</u> – A convivência familiar pode tanto ser agradável como estressante, dependendo do tipo de vínculo que exista entre os seus componentes. Quando os laços familiares são sólidos, o convívio se torna prazeroso, suave e extremamente agradável, favorecendo a prevenção ou abrandamento do nível do estresse. É importante nos dedicarmos mais ao convívio com a nossa família, não apenas em termos de quantidade de tempo, mas, particularmente, no tocante à qualidade do relacionamento. "Ou seja: esteja efetivamente ao lado das pessoas que você diz amar; de corpo e alma. No tempo que estiver junto deles, demonstre afeto e carinho. Não importa o cansaço e a tensão do dia a dia, procure sempre dar atenção a quem você mais ama" (GOLDONI, 2016, p. 204).

- Administração do tempo – Na época em que vivemos – era da globalização –, o tempo se tornou um recurso escasso e valioso, daí termos de usá-lo adequadamente. Esta a importância da sua administração. Para não se perder num mundo de tarefas a serem cumpridas, estabeleça os seus objetivos prioritários, meça o tempo necessário para executá-los e comece logo a agir. Divida as tarefas em dois grandes blocos: o das urgentes e o das importantes. *Urgente* é a situação que demanda atendimento rápido; a tarefa que deve ser executada imediatamente. *Importante* é a tarefa necessária e de valor, porém, com um prazo mais dilatado. A prioridade fica com as tarefas urgentes, não podendo, porém, descuidar-se do prazo das importantes. Há também que se responder às perguntas: O que fazer? Quando fazer? Como fazer? Qual é o tempo necessário para a execução? Quando nos planejamos e organizamos, tendo um controle das ações executadas, tudo fica mais fácil e rápido, não se perdendo precioso tempo. E, consequentemente, não se entrando num estado de ansiedade e tensão desnecessárias.
- Exercício de respiração – A respiração adequada elimina toxinas do nosso corpo, enquanto aumenta a oxigenação das células. Quando estamos tensos, respiramos rapidamente e de modo superficial. A fim de conseguir serenidade, é preciso respirar de maneira adequada, de modo lento,

profundo e natural. Exercícios de respiração nos levam criar o hábito de respirar consciente, lenta e profundamente, favorecendo a tranquilidade necessária para os afazeres do dia a dia.

- Relaxamento – Em termos gerais, o relaxamento é uma técnica psicossomática que auxilia nos estados de ansiedade, tensão muscular ou que atua como meio revitalizante, que age positivamente sobre a saúde física e emocional. Segundo o pesquisador Petho Sandor (1974, p. 4), "o relaxamento é um método de recondicionamento psicofisiológico. (...) Tornou-se um meio indispensável para conseguirmos descontração, tranquilização e recreação" (SANDOR, 1974, p. 4). Realizar a prática do relaxamento é contribuir para o alcance de um estado de descontração física e de serenidade emocional, antagonistas do estresse.
- Oração – Para quem cultiva a espiritualidade, independente de qualquer segmento religioso, a oração é um meio efetivo de lidar com o estresse. A oração é uma linguagem poderosa, que nos vincula à Mente Divina. Ela auxilia a pessoa a lidar com as circunstâncias do cotidiano e com as suas emoções. Por meio da prece, o homem entra em contato com a Divindade, fortalecendo igualmente a fé em seu próprio poder. Francisco de Assis afirmou que "existem belas e impetuosas forças dentro de nós". Por meio da oração que nasce do coração de quem ora, essas forças são reavivadas, é reavivado o poder que habita o interior de cada ser humano. Considera o escritor

norte-americano, Gregg Braden (2009, p. 15 – *passim*), que a oração é sentimento e que a vida é oração. "Estamos sempre enviando uma mensagem ao espelho da criação, sinalizando cura ou doença, paz ou guerra, respeitando ou desrespeitando as nossas relações com as pessoas que amamos. A 'Vida' é a Mente de Deus devolvendo-nos o que sentimos – o que oramos". E diz, ainda: "O reverendo Samuel Shoemaker descreveu o poder da oração numa sentença única, poética e talvez enganosamente simples: *Pode ser que a oração não mude as coisas para você, mas com certeza muda você para as coisas*". Pela oração, temos o poder de transformar o sofrimento em sabedoria, encontrando um novo significado nas situações dolorosas. O autor espiritualista, Carlos Toledo Rizzini (1994, p. 341), citando Gandhi, afirma que "a oração é o 'banho de purificação para o espírito humano' e meio de comunicação com o Poder Supremo; Deus é o laço que une todos os seres humanos sem distinções de credo, cor, raça, posição etc.". Neste sentido, a oração favorece a paz e a serenidade para o espírito humano. Assim, diante do estresse, não se desesperar, mas buscar a paz interior por meio da oração, que tenha por origem o próprio íntimo, o coração, a alma.

- <u>Meditação</u> – O vocábulo meditação tem origem no latim *meditare,* que significa ir para o centro, com o sentido de desligar-se do mundo exterior, dirigindo a atenção para o próprio íntimo. Padma Dorje (2018, p. 8), praticante budista, conceitua meditação como: "o cultivo deliberado da mente de forma que ela revele suas qualidades naturais e não se perca no que não importa e no que causa sofrimento para si próprio e para os outros". Diz a respeito da meditação (*Zazen*), a monja Coen, budista (2017, p. 15): "...em princípio, a meditação causa uma respiração profunda e mais tranquila, os batimentos cardíacos são reduzidos, o que vai dar um estado de tranquilidade, mas não pode ser por dor nem sonolência, é um estado de alerta, é você estar alerta e presente, percebendo tudo o que está acontecendo. (...) Uma presença absoluta e tranquila é o estado meditativo". Há vários tipos de meditação, entre eles: *Zazen* ("meditação sentada"; tem o foco na respiração, como meio para propiciar o conhecimento de si mesmo); *Vipassana* (significa "ver as coisas como realmente elas são"; busca um caminho de autotransformação, através da auto-observação.); *Meditação por Mantras* (medita-se com a repetição de um mantra, pois se crê que os mantras são capazes de diminuir a ansiedade e as tensões que carregamos, substituindo a inquietude da mente pela alegria e paz interior); *Metta* (significa benevolência e amor; é realizada a partir de uma progressão de sentimentos de bondade, que tem início no praticante, estendendo-se para os entes queridos, pessoas conhecidas, pessoas cujo relacionamento é difícil, pátria, mundo e, finalmente, amor pelo Universo); *Mindfulness* (significa "atenção plena"; seu objetivo é não permitir que passemos o tempo no "piloto automático", prestando atenção máxima nas tarefas do dia a dia, ficando focados plenamente no momento presente, sem distrações ou desatenções, mantendo-nos concentrados naquilo que esteja acontecendo à nossa volta; crê-se que esta meditação assegura melhor sono, reduz a ansiedade e o estresse, sendo também útil como auxiliar no tratamento da depressão).

- Mentalidade positiva – Quando temos uma visão de mundo focada no poder do homem de criar o seu próprio destino, esquivamo-nos da tendência fatalista de nos considerarmos joguetes da sorte. O livre-arbítrio de que dispomos possibilita a cada ser humano, mesmo com os inevitáveis limites, escolher a sua trajetória na vida. E, quando, fundados na esperança, nos dirigimos para a realização dos nossos objetivos, dos nossos anseios, dos nossos sonhos, removemos também a expressão de emoções e sentimentos desagradáveis, negativos e destrutivos. Manter a mentalidade positiva é um caminho para o alcance do equilíbrio, da harmonia e da serenidade.

Como se vê, há variadas maneiras (e outras mais) de se prevenir e de administrar o estresse, cabendo a cada pessoa o esforço necessário para obter os resultados esperados de cada atividade.

»«

A ocorrência ou não do estresse depende, em grande parte, da percepção que temos dos eventos estressores. É o que dizia Epicteto – como assinalamos no início –: "*Não são os acontecimentos que nos ferem, mas a visão que temos deles*". A instalação do estresse depende da *lente* que estejamos usando, isto é, do nosso *sistema de crenças básicas,* como diz Albert Ellis, ou da *visão* que temos da realidade, como acentua John Powell. É claro que há situações objetivas que levam ao estresse e que não dependem de nós. No entanto, mesmo assim, podemos escolher o modo de encará-los. Diante de um obstáculo, eu posso vê-lo como uma ameaça, uma muralha intransponível ou como um desafio a ser vencido. No primeiro caso, rendo-me passivamente às circunstâncias; no segundo, aprimoro-me, fortaleço-me para ultrapassá-las.

É importante pensarmos que temos mais controle sobre as situações da vida do que pensamos às vezes. Conseguimos mais poder, quando nos posicionamos frente aos fatos de maneira positiva. A vida contemporânea com sua pressa, com suas pressões, dissenções e violência pode gerar ansiedade, angústia, estresse. Mas, quando aprendemos a lidar com essas circunstâncias, buscando estratégias para aliviar sua carga negativa, ativamos o nosso poder interior, fortalecendo-nos e nos preparando para vencer.

23 TUDO COMEÇA NA MENTE

O presente livro começou a nascer, anos atrás, quando um de meus alunos, num curso de relaxamento psicossomático, me confidenciou: "Eu estava vivendo um momento difícil no meu casamento. Havia anteriormente uma comunhão de ideias entre a minha esposa e eu. Porém, de uns tempos para cá, começamos a divergir demais, de modo que o nosso relacionamento se tornou muito conturbado. Conversei com um psicólogo, que realizava um *workshop* sobre ressignificação. Interessei-me e participei de uma das turmas. De lá para cá, a minha vida tomou outro rumo. Aprendi que não podemos mudar ninguém. Nós é que temos de mudar para poder aproximar-nos do outro. E foi o que comecei a fazer. O diálogo, aos poucos, voltou a acontecer e hoje o relacionamento com a minha esposa é plenamente satisfatório. Vim a este curso para, com o relaxamento, manter o que já está muito bom na minha vida. Depois daquele *workshop*, aprendi que tudo começa na mente. E você veio confirmar isso". Esse desabafo me aumentou a motivação para escrever um livro sobre o estresse, mas, particularmente, sobre como conseguir entrar num estado de serenidade, quer seja emocional ou espiritual.

Já vimos, no transcorrer desta obra, os malefícios resultantes do mau estresse. Observamos também que o estresse pode originar-se no interior do próprio indivíduo, como ser consequência de uma situação externa. Todavia, em qualquer dessas circunstâncias, como já ouvi dizer: "a mente é a majestade". Isto é, a mente tem o poder de transformar a realidade, afinal, tudo tem início com o pensamento. Como afirma a pesquisadora Suely C. Schubert: "São surpreendentes os poderes da mente. Entretanto, na maioria de nós, tais poderes jazem adormecidos ou, quando exercitados, o fazemos não de modo pleno, mas ainda com muitas limitações e dificuldades" (2003, p. 19). É, pois, forçoso que aprendamos a usar o poder criador da mente, fazendo uso de pensamentos motivadores, sentimentos agradáveis, intenção pura e palavras edificantes.

Quando nos fixamos no lado ruim da vida, mais aspectos negativos estaremos atraindo para nós. Se uma dada situação em que estejamos vivendo, está se convertendo em fator de estresse, a maneira de a evitar ou de controlar o estresse dela decorrente é arejar a nossa mente com pensamentos e sentimentos que lhe sejam contrários.

O médico e biólogo, Alírio de Cerqueira Filho (2010, p. 30-34), declara que podemos ter diante da vida quatro formas de atuação: rebelde, revolucionária, transformadora e iluminadora.

- A atitude *rebelde* é um estágio primário, em que a pessoa estabelece as suas bases em algo que precisa realmente ser mudado, mas não passa de um procedimento egocêntrico, em que ela espera que os outros façam isso por ela. Trata-se de uma posição de falsa ausência de poder. Ela sabe o que deve ser mudado, como fazê-lo, mas assume uma postura falsa de impotência diante da ação a ser concretizada. O rebelde não vê as dificuldades da vida como um convite ao aprendizado e, por isso, se rebela.

- A atitude *revolucionária* é típica daquela pessoa que também não aceita as condições nefastas da vida, mas tem uma postura reativa. Desse modo, quer mudar tudo por meio da força desorganizada. Assim, assume a postura prepotente, querendo modificar tudo e todos à sua volta.
- Há, entretanto, uma outra disposição, denominada *transformadora*. Nela, a pessoa também não aceita as condições prejudiciais da vida, assumindo, porém, uma atitude proativa, modificando-a para melhor. "Por se conhecer, aceita as situações que não pode mudar e busca realizar todas as ações para mudar, gradativamente, aquilo que é de seu poder. Está atento ao poder *real* que traz em si mesmo: o de *realização* e o de *transformação*". A pessoa transformadora sabe onde está e onde quer chegar, unindo a boa intenção do desejo de mudar às dificuldades do caminho, com a direção adequada. Diríamos que é o indivíduo que alia a razão ao sentimento, promovendo ações racionais fundadas na inteligência emocional e na inteligência espiritual.
- Existe ainda – segundo Cerqueira Filho – uma quarta forma de atuação diante da vida: a atitude *iluminadora*. Mas, neste caso, já estamos tratando de espíritos superiores, muito além da média das pessoas. "O iluminador é aquele que, depois de se

> transformar, transmuta-se, iluminando-se", isto é, superando o nível de todas as formas anteriores, angelizando-se. Corresponde ao último estágio de evolução, em que o espírito humano, após realizar a sua própria transformação interior, passa a iluminar a trajetória evolutiva de outras pessoas. É a condição dos luminares da humanidade.

Digamos apenas que, como *transformadores,* fazendo uso do poder da nossa mente, temos condições de nos prevenir contra a instalação do estresse ou de controlá-lo, quando instalado. Vale, neste ponto final, lembrar mais uma vez as palavras de Epicteto: "Não são os acontecimentos que nos ferem, mas a visão que temos deles". Os acontecimentos, talvez não possamos mudar, mas a nossa visão, sim. Há um ditado que diz: "A cada dia renascemos, a cada manhã o mundo se renova". Quando modificamos o nosso modo de ver a realidade, estamos mudando a nós mesmos e ao mundo em que estamos inseridos.

A vida depende de como nós a vemos e o modo como a vemos pode ser transformado a partir do momento em que decidimos viver conscientemente o presente, livres de julgamentos ao que ela nos dá e percebendo suas sábias e constantes lições. Cada um de nós é a única pessoa que pode mudar a sua própria vida. "A vida é feita de fatos. Lembre-se! Se a maioria deles será dura ou enriquecedora, depende de como você os verá e irá vivenciá-los. A escolha é sua (KAREEMI, 2018, p. 153)".

Não paralisemos o nosso pensamento, sejamos transformadores da realidade interna e externa. O escritor norte-americano, Ralph Waldo Trine (s.d., p. 7), corrobora essa reflexão, ao afirmar: "Cada qual é arquiteto e artífice de sua própria vida; porém, ao mesmo tempo que erigimos interiormente o mundo da consciência, atraímos o mundo exterior e somos atraídos por ele". Há quem compare o pensamento a um potente ímã, que atrai para a pessoa as condições que correspondem à natureza desse pensamento. Isto significa que aquele que pensa em estresse atrai o estresse, aquele que pensa em serenidade atrai a serenidade da alma. É o que subjaz à ideia de que pensamentos transformam-se em coisas.

Segundo a lei do retorno (causa e efeito), recebemos de volta aquilo que enviamos ao universo. Se o que estamos enviando são pensamentos e sentimentos de medo, ciúme, raiva, inquietude, ansiedade e desamor é isso que estaremos atraindo para nós, ou seja, tensão, estresse. É fácil comprovar o que estamos dizendo. Imaginemos uma pessoa que trate os demais com frieza, descaso e intolerância. Como ela será tratada pelos outros? Também com frieza, descaso e intolerância. É como se diz popularmente: "Amor gera amor; violência gera violência".

Se buscamos a serenidade, vivendo em plenitude, é preciso que alimentemos a nossa alma com serenidade.

Como pensam os psicólogos Arnold Lazarus e Clifford Lazarus (2008, p. 41), nós temos um enorme controle sobre nossos pensamentos e emoções. "Não somos criaturas indefesas que respondem automaticamente a estímulos, sem nenhum poder sobre o próprio estado de espírito. Reconhecer que os pensamentos influenciam as emoções é um passo muito importante no caminho que leva a uma vida mais feliz e saudável. Pensamentos negativos podem ser desafiados e mudados. Em troca, teremos sentimentos e emoções mais positivos". Este é um meio de controlar os pensamentos e as emoções estressantes, modificando-os.

Carl Jung (2002, p. 89), criador da Psicologia Analítica, parece ampliar essa concepção, ao afirmar: "Não saias! É no interior do homem que habita a verdade". E podemos também dizer: "É no interior do homem que habita a serenidade, a paz que nos leva à vida em plenitude".

Viver em plenitude é, antes de tudo, estar com a consciência em paz e compreender os altos significados da própria vida, tais como a permanente necessidade do autoaprimoramento intelecto-moral e a importância de lutar por uma consciência de paz interior. Ora, manter e viver com a consciência em paz conclama aos deveres perante si mesmo e perante o próximo. Isso inclui todos os deveres próprios da cidadania, do dever humanitário da solidariedade e do perdão e mesmo o dever individual de levantar a cabeça diante das adversidades.

Plenitude significa "completo, pleno ou cheio. É o estado daquilo que foi feito na totalidade, que atingiu a avaliação ou medida máxima". Perante esta definição, o que será viver em estado de plenitude espiritual? Não existe nada de sobrenatural nesta questão, nem tão pouco existem regras, normas ou preceitos para se viver em estado de plenitude.

A plenitude espiritual nada mais é do que aprendermos a equilibrar todas estas forças, física, mental, emocional, espiritual e sustentarmos esse equilíbrio com amor. Seremos Plenitude, quando nos conhecermos de dentro para fora. Não foi sem razão que Sócrates, diante do templo de Apolo

Lício, ao ler em sua fachada "Conhece-te a ti mesmo", tomou esse pensamento como norma da própria vida e como lema fundamental da sua Filosofia.

Viver em plenitude é desfrutar plenamente a vida...

APÊNDICES

Os apêndices seguintes são apenas exemplos de exercícios de respiração, relaxamento e meditação. Antes de exercitá-los, é fundamental que seja consultado um médico. Cada um destes exercícios deve ser feito sob acompanhamento médico.

APÊNDICE 1

POSIÇÕES

As posições "deitado" ou "sentado" são idênticas para o exercício respiratório e para o exercício de relaxamento.

➔ ***Deitado***

- Deite-se confortavelmente em sua cama ou num colchão ou colchonete, no chão.
- A cabeça deve estar repousada num travesseiro baixo, a fim de não forçar a musculatura do pescoço.
- A cabeça deve estar alinhada com o resto do corpo.
- Deixe os braços soltos ao longo do corpo.
- As palmas das mãos devem estar voltadas para cima. Caso isto seja desconfortável, deixá-las com as palmas voltadas naturalmente para baixo.
- As pernas ficam ligeiramente afastadas, e os pés abertos para fora.
- Os músculos da cabeça, tronco e membros devem estar soltos, afrouxados, de modo natural.
- O travesseiro deve ser baixo, de modo a não tensionar os músculos do pescoço e da nuca.

➔ ***Sentado***

- Sente-se num cadeira confortavelmente, com a coluna ereta.
- Apoie suavemente as mãos nas coxas.
- As pernas devem estar descruzadas.
- Os joelhos ficam dobrados num ângulo aproximado de 90 graus.
- Os joelhos devem estar ligeiramente separados.
- Os pés ficam pousados no chão, ligeiramente separados.
- Os músculos da cabeça, tronco e membros devem estar soltos, afrouxados, de modo natural.

APÊNDICE 2

PRÁTICA DE RESPIRAÇÃO CONSCIENTE

➔ *1º Exercício*

- Escolhida a posição, feche os olhos.
- Expire pelas narinas, lenta e suavemente, de modo natural.
- Inspire pelas narinas, contando até 4 (se demandar muito esforço, conte até 3).
- Exale, contando novamente até 4 (ou 3).
- Inspire e expire apenas pelas narinas.
- Realize o exercício de 7 a 10 vezes, sempre de modo natural, pois o que se espera é a tranquilização, a serenidade, que são antagônicas à tensão, à ansiedade, ao estresse.
- À medida que for se adaptando ao processo, você pode aumentar a contagem para 5, depois para 6. Lembre-se, porém, que deve haver conforto e naturalidade na execução do exercício, sem esforço demasiado, que contradiz o objetivo da prática.

➔ *2º Exercício*

- Escolhida a posição, feche suavemente os olhos.
- Inspire pelas narinas lenta e suavemente, contando até 4 (se demandar muito esforço, conte até 3).
- Retenha o ar, contando até 2.
- Expire, contando até 5.
- Conte até 2, sem ar, e reinicie com a inspiração.
- Faça o exercício por 8 vezes.
- Quanto mais lenta for a entrada e saída de ar, mais relaxado você fica. Porém, não exagere. Respeite o seu limite. O exercício serve para relaxar, não para causar tensão ou ansiedade.

APÊNDICE 3

PRÁTICA DE RELAXAMENTO PSICOSSOMÁTICO

O relaxamento é importante para o alcance da serenidade. Como afirmam Núbia France e Haroldo Rahm (1992, p. 15): "Você precisa relaxar para dominar as tensões. Os benefícios do relaxamento se fazem sentir em vários setores da vida. Quando relaxa, você tem uma saúde física melhor. Quando corre muito, devido ao estresse, às tensões do dia a dia, seu sistema de imunidade vai se enfraquecendo: por isso, precisa relaxar a fim de recuperar o equilíbrio psicossomático. Com o relaxamento, você pode ter mais saúde física e mental".

➔ ***Relaxamento progressivo***

- Escolhida a posição adequada, feche suavemente os olhos.
- Respire por alguns momentos lenta e profundamente, pelas narinas, de modo natural, sem esforço excessivo, focando apenas o ar que entra e sai pelas narinas.
- Relaxe todos os músculos da cabeça: rosto e couro cabeludo. Diga mentalmente:

- › "Todos os músculos da cabeça completamente soltos... completamente relaxados... relaxados... relaxados...".

- Relaxe todos os músculos do pescoço e ombros. Diga mentalmente:
  - › "Todos os músculos do pescoço e ombros completamente soltos... completamente relaxados... relaxados... relaxados...".
- Relaxe todos os músculos das costas. Diga mentalmente:
  - › "Todos os músculos das costas completamente soltos... completamente relaxados... relaxados... relaxados...".
- Relaxe todos os músculos do tórax, abdômen e quadris. Diga mentalmente:
  - › "Todos os músculos do tórax, abdômen e quadris completamente soltos... completamente relaxados... relaxados... relaxados...".
- Relaxe todos os músculos dos braços, antebraços e mãos. Diga mentalmente:
  - › "Todos os músculos dos braços, antebraços e mãos completamente soltos... completamente relaxados... relaxados... relaxados...".
- Relaxe todos os músculos das coxas, pernas e pés. Diga mentalmente:
  - › "Todos os músculos das coxas, pernas e pés completamente soltos... completamente relaxados... relaxados... relaxados...".

- › "Todos os músculos da cabeça, tronco e membros completamente soltos... completamente relaxados... relaxados... relaxados...".
- Diga, apenas mentalmente, a seguinte afirmação positiva:
  - › "Agora, todo o meu corpo está descontraído. Eu sinto a agradável sensação de Paz... Harmonia... Tranquilidade... Paz... Harmonia... Tranquilidade... Paz... Harmonia... Tranquilidade..." (A afirmação positiva de paz, harmonia e tranquilidade deve ser dita mentalmente por 6 vezes).

➔ *Retrocesso*

Retrocesso é a finalização do exercício, para que o praticante volte consciente, com serenidade e energia, para as atividades do cotidiano.

- Abra os olhos.
- Flexione os braços.
- Flexione as pernas.
- Respire profunda e naturalmente.
- Vire-se, com movimentos lentos, da direita para a esquerda e vice-versa.
- Levante-se lentamente e retome as atividades do cotidiano.

APÊNDICE 4

PRÁTICA DE MEDITAÇÃO

➔ *Prática 1*

- Sente-se confortavelmente numa cadeira, com as costas eretas. Coloque as mãos nas coxas, com as palmas voltadas para cima, a mão direita sobre a mão esquerda. Feche suavemente os olhos. Permaneça relaxado, não tenso.
- A seguir, inspire lentamente, contando mentalmente até 5.
- Expire, contando até 3.
- Sinta o ar entrando pelas narinas, chegando aos pulmões e ao abdômen; sinta igualmente o ar sendo projetado para o tórax e saindo pelas narinas.
- Ao inspirar, mentalize a paz e, ao expirar imagine-se eliminando a ansiedade.
- De início, a duração pode ser de 1 minuto. Depois, aos poucos, vá aumentando o tempo. Sinta o prazer do momento, a serenidade, a paz interior que a prática promove.
- Ao terminar, flexione os braços e as pernas.
- Em seguida, levante-se e volte para seus afazeres.

Durante a meditação, a atenção deve estar focada apenas no ar que entra e sai pelas narinas.

➔ *Prática 2*

a) *Mindfulness*

Esta modalidade de meditação se chama *mindfulness* (atenção plena). Foi desenvolvida pelo biólogo norte-americano, Jon Kabat-Zinn, a partir de práticas orientais, e visa promover o funcionamento psicológico saudável, como o melhor controle das emoções e comportamentos. Quem está em estado de atenção plena, permanece atento, consciente e presente, aceitando os seus pensamentos, emoções e sensações físicas como realmente são, isto é, sem expressar nenhum juízo de valor, sem fazer nenhum julgamento. Alguns tipos de meditação estão vinculados a uma religião ou filosofia, já o *mindfulness* é dissociado de tais aspectos.

Declara o psicólogo Roberto Debski (2018, p. 23): "A técnica pode ser definida como um estado de atenção plena no aqui e agora, quando ficamos totalmente concentrados naquilo que estamos fazendo, o estado chamado de presença. Ele ocasiona uma percepção alterada de tempo e modificações em nossa fisiologia".

A meditação *mindfulness* nos faz centrar no presente, no aqui e agora, e "pessoas que vivem o aqui e agora, em plena atenção, lidam muito melhor com tudo o que se aresenta, pois estão livres de preconceitos, do desejo de controlar tudo ou do excesso de planos. Elas curtem o presente e o recebem tal qual ele é: um presente!" (Kareemi, 2018, p. 15).

Segundo instrutores, um dos benefícios desta prática é a redução dos níveis de cortisol, o hormônio do estresse, ajudando, assim, a controlar a tensão e a ansiedade.

Outros benefícios propagados por praticantes e instrutores são: elimina ou reduz os problemas de insônia; melhora a função cognitiva (raciocínio verbal e memória, por exemplo); melhora a capacidade de concentração; desenvolve a inteligência emocional (pois ajuda a desenvolver o autoconhecimento e o controle emocional); incentiva a criatividade (por tranquilizar a mente, o que favorece a geração de novas ideias); aprimora as relações interpessoais (na medida que promove a habilidade de comunicar emoções a outras pessoas); aumenta a imunidade (ao proporcionar o aumento no número de anticorpos); alivia dores (diminuindo a intensidade da dor); amplia a consciência do próprio corpo (devido aos exercícios em que o foco da atenção é uma sensação física).

Segundo o psicólogo Augusto Jimenez (2017, p. 20), a atenção plena "é a arte de se manter no presente. Consiste em o indivíduo ter consciência das suas emoções e estímulos físicos no tempo presente. É compreensão de que o passado e futuro não lhe pertencem no momento". Desse modo, o *mindfulness* transmite a ideia de que seus praticantes tornam-se conscientes do que se passa no corpo, na mente, nos pensamentos e nas emoções.

- ***Mindfulness* da respiração**
  - › Escolhida a posição adequada, feche suavemente os olhos.
  - › Respire por alguns momentos lenta e profundamente, pelas narinas, de modo natural, sem esforço excessivo.
  - › A seguir, comece a prestar atenção nos movimentos do corpo durante a respiração.

Observe os movimentos do tórax e do abdômen durante a inspiração e a expiração.

› Você pode também focar a atenção no ar que entra (inspiração) e que sai (expiração) pelas narinas.

› Não procure imprimir um ritmo à respiração, deixe que ela se faça naturalmente, sem nenhuma influência da sua parte.

› Quando surgir algum pensamento, alguma lembrança ou preocupação, apenas perceba que isso ocorreu e, sem nenhum julgamento ou esforço, apenas volte novamente a atenção para a respiração.

› Ao chegar ao término do exercício, volte a atenção para todo o corpo, com as suas variadas sensações, e encerre lentamente a prática, abrindo os olhos.

› A duração deve ser de 1 a 3 minutos.

- ***Mindfulness* na caminhada**

› Ao caminhar, foque a sua atenção nas assadas que está dando.

› Sinta os pés tocando o solo. Ele é duro? Macio? Pedregoso? Está seco? Molhado?

› Quando surgir algum pensamento, alguma lembrança ou preocupação, apenas perceba que isso ocorreu e, sem nenhum julgamento ou esforço, volte novamente a atenção para as suas passadas.

› Mantenha-se consciente, atento à sensação dos pés no chão.
› Thich Nhat Hanh, autor do livro "Silêncio", sugere que o praticante dê um passo a cada inspiração e outro a para cada expiração. Se a sua atenção divagar, gentilmente volte a se concentrar na respiração. Deslocar a atenção para longe dos nossos pensamentos e voltá-la para o interior, para o que está realmente acontecendo no presente, é uma prática básica de *mindfulness*.

- ***Mindfulness* no banho**
  › Ao tomar banho, em vez de pensar em inúmeras outras coisas, preste atenção apenas no próprio banho.
  › Sinta a água que cai sobre o seu corpo.
  › Sinta a temperatura da água.
  › Sinta as gotas que caem sobre seus cabelos, rosto, ombros, braços, peito...
  › Sinta o perfume do sabonete, do xampu, do condicionador.
  › Não faça nenhum julgamento sobre as sensações, se são agradáveis ou não. Apenas sinta...
  › Quando surgir algum pensamento, alguma lembrança ou preocupação, somente perceba que isso ocorreu e, sem nenhum julgamento ou esforço, volte novamente a atenção para o ato de banhar-se.

- ***Mindfulness* durante a refeição**
  - › Ao iniciar a refeição, respire tranquilamente e olhe para o que vai comer.
  - › Observe as cores, formas, apresentação e sinta os aromas.
  - › Aprecie a primeira mordida, sentindo a textura do alimento.
  - › Mastigue devagar, sinta o sabor do alimento, que está sendo levado à boca.
  - › Mastigando e engolindo a comida lentamente, você vai sentir logo que estiver saciado, evitando comer em demasia.
  - › Pergunte-se, se já está satisfeito. Quando a resposta for "sim", pare de comer.
  - › Faça novamente uma respiração tranquila e dê por encerrada a refeição.

b) *Outra maneira de meditar*

Jason de Camargo (2011, p. 154-156), afirmando que a meditação abre lugar à ação, pondera que ela é "um ato muito simples e é a sua simplicidade que produz enormes resultados". A meditação que ele propõe é destinada a pessoas espiritualistas (ou espiritualizadas). Em seguida, nos fornece o roteiro para a sua realização:

1) **Escolha do local** – Escolha um lugar adequado e silencioso para se recolher pelo menos uma vez ao dia. Realize a sua meditação sentado confortavelmente num sofá ou numa cadeira.

2) **Horário** – Determine um horário e procure se habituar com ele. Faça a sua reflexão por 30 minutos ou em torno disso [talvez 15 ou 20 minutos para o iniciante].

3) **Leitura do Evangelho** – Leia uma página de cunho elevado, pois predispõe a pessoa para o aspecto moral da meditação.

4) **Descontração física e psíquica** – Respire várias vezes, profunda e calmamente, para relaxar as tensões do dia a dia. Isso favorece o processo meditativo. Coloque a sua atenção na respiração e deixe os seus pensamentos fluírem.

5) **Objeto da reflexão** – Traga para a mente o objeto de análise da meditação do dia. Poderá ser o próprio conteúdo da leitura ou outros assuntos do seu interesse. Deixe a mente fluir livremente sobre o tema em questão. Não a interrompa, fique como um espectador dos pensamentos que surgirem. Não se envolva emocionalmente com eles. Apenas observe-os.

6) **Assuntos** – Podemos meditar sobre os mais variados temas, como autoconhecimento, virtudes a desenvolver, conduta diária, relacionamentos harmoniosos, presença divina em nós e demais assuntos de interesse evolutivo. Pode-se também meditar sobre uma parábola ou ensinamento de Jesus.

7) **Prece final** – A prece deve ser embasada na serenidade, na confiança e provida de sentimentos superiores.

"A prece e a meditação estão ao alcance de qualquer um: basta começar a acioná-las para iniciar uma nova vida mental, mais prazerosa para a pessoa. É como um estado de preparação e limpeza da mente para as realizações práticas e objetivas da vida em sociedade. Ambas auxiliam a retirar as fuligens internas e oferecem melhores condições de equilíbrio. Fluirá mais fácil o sentimento de amor, como se fora um jato de emanação anímica. A perseverança, no entanto, é indispensável para qualquer conquista humana, e aqui também ela deverá estar presente" (CAMARGO, 2011, p. 156).

APÊNDICE 5

RELAXAMENTO NOS CONSULTÓRIOS MÉDICO E DENTÁRIO

Sabemos que os atendimentos médico e dentário são fontes de ansiedade, medo e estresse para muitas pessoas. Como agir, a fim de amenizar ou eliminar essas reações?

Apresentamos, a seguir, uma sugestão, composta por três etapas, lembrando a importância fundamental da respiração. Esta deve ser lenta e profunda, a fim de favorecer o relaxamento muscular. Toda mentalização deve ser acompanhada de músculos soltos (sem contração) e respiração lenta e profunda, de modo natural (sem esforçar-se).

1ª Etapa: Em casa e no trajeto para o consultório.

- Ainda em casa, quando se aproximar a hora de sair para o consultório, em vez de pensar em desconforto e dor, pense no que você deseja, isto é, serenidade e tratamento inteiramente suportável e eficaz. Diga mentalmente algumas vezes:

  "Paz, saúde, serenidade...".
- Quando estiver dirigindo-se ao consultório, pense apenas que a consulta ou o tratamento será bem sucedido. E mentalize repetidamente:

  "Paz, saúde, serenidade...".

2ª Etapa: No consultório.

- Quando estiver aguardando a sua vez, concentre-se, repetindo mentalmente: "Estou completamente calmo, sereno, seguro, tranquilo...".
- Quando estiver na cadeira de dentista ou diante do(a) médico(a), mentalize continuamente, relaxando os músculos:

  "Suporto serenamente o tratamento...". "Permaneço completamente seguro e tranquilo...".

Você pode, nesse momento, visualizar cenas que lhe dão prazer e paz. Isto varia de pessoa para pessoa. Pode ser uma praia tranquila, um jardim florido, o abraço carinhoso do filhinho ou netinho, um pôr do sol repousante e tantas outras situações que induzam à calma, paz e serenidade. Mesmo que surja alguma dor, mentalize que é breve e logo estará terminada. É apenas um momento passageiro como tantos outros. Nada lhe poderá tirar a calma, a tranquilidade, a segurança e a serenidade.

3ª Etapa: Conclusão do atendimento.

a) Se você tiver alguma crença religiosa, agradeça a Deus por poder estar recebendo um tratamento que estará recuperando a sua saúde integral. E mentalize:

"Continuo em paz e retorno para casa completamente tranquilo e seguro... e assim continuarei".

b) Caso você não tenha nenhuma crença religiosa, apenas mentalize:

"Continuo em paz e retorno para casa completamente tranquilo e seguro... e assim continuarei".

REFERÊNCIAS

AMERICAN PSYCHIATRIC ASSOCIATION. **Manual diagnóstico e estatístico de transtornos mentais:** DSM-5. Porto Alegre: Artmed, 2014.

BALLONE, G. J.; MOURA, E. C. **Depressão no Idoso** – in: PsiqWeb, Internet, disponível em www.psiqweb.med.br, revisto em 2006. Acesso em 24.jul.2018.

BAILEY, Joseph; CARLSON, Richard. **No ritmo da vida:** reduzindo a velocidade frenética. Rio de Janeiro: Rocco, 2002.

BARBOSA SILVA, Ana Beatriz. **Mentes ansiosas:** medo e ansiedade além dos limites. Rio de Janeiro: Objetiva, 2011.

BELTRÁN, María Mercedes P. de. **Desenvolva a sua inteligência emocional e tenha sucesso na vida.** 4.ed. São Paulo: Paulinas, 2007.

BISSI, Anna. **O pulsar da vida:** um caminho de integração das próprias emoções na perspectiva cristã. São Paulo: Paulinas, 2003.

BOEGER, Marcelo; CALEGARI, Rita. Síndrome de *boreout* e a apatia no trabalho. **Psique**. São Paulo, ano 12, ed. 149, 2018.

BOFF, Leonardo. **Espiritualidade:** um caminho de transformação. Rio de Janeiro: Sextante, 2006.

BORYSENKO, Joan. **Paz interior para pessoas muito ocupadas.** Rio de Janeiro: Nova Era, 2007.

BRADBERRY, Travis; GREAVES, Jean. **Desenvolva sua inteligência emocional.** Rio de Janeiro: Sextante, 2007.

BRADEN, Gregg. **Segredos de um modo antigo de rezar:** descubra a linguagem poderosa que nos liga à mente de Deus. São Paulo: Cultrix, 2009.

CABRAL, Álvaro; NICK, Eva. **Dicionário técnico de psicologia.** São Paulo: Cultrix, 1995.

CAMARGO, Jason. **Educação dos sentimentos.** 2.ed. Porto Alegre: FERGS/Francisco Spinelli, 2011.

CAPPATO, Marcela. 5 características da espiritualidade. **Eu Sem Fronteiras,** 2018. Disponível em: <https://www.eusemfronteiras.com.br/cinco-caracteristicas-da-espiritualidade/>. Acesso em: 26.dez.2018.

CARNEGIE, Dale. **Como evitar preocupações e começar a viver.** 38.ed atual. São Paulo: Companhia Editora Nacional, 2012.

CERQUEIRA FILHO, Alírio de. **Saúde existencial:** o desertar para a essência da vida. 2.imp. Santo André, SP: EBM Editora, 2010.

CHAVES, René Penna. **Medicina antropológica.** São Paulo: Sarvier, 1976.

COEN, Monja. Ensinamentos valiosos: entrevista concedida a Érica Aguiar. **O poder de meditar,** São Paulo, ano 1, n. 1, 2017.

CORTELLA, Mário Sérgio. **Por que fazemos o que fazemos?:** aflições vitais sobre o trabalho, carreira e realização. 3.ed. São Paulo: Planeta, 2016.

CURY, Augusto. **Ansiedade:** como enfrentar o mal do século. São Paulo: Saraiva, 2014.

_____. **Ansiedade 2:** autocontrole – como controlar o estresse e manter o equilíbrio. São Paulo: Benvirá, 2016.

_____. **Gestão da emoção:** técnicas de *coaching emocional* para gerenciar a ansiedade, melhorar o desempenho pessoal e profissional e conquistar uma mente livre e criativa. 2.tir. São Paulo: Saraiva/Benvirá, 2015.

DEBSKI, Roberto. Aqui e agora. **O Poder de Meditar,** São Paulo, ano 2, n. 2, p. 23, 2018.

DORJE, Padma. Linha do tempo: desde que o mundo é mundo. **O poder de meditar.** São Paulo, ano 2, n. 2, p. 6-9, 2018.

DUARTE, Cristiani Luna Gomes; MOTOKI, Fabio Yoshio Suguri; MAINARDES, Emerson Wagner. O *technostress* e a relação com a satisfação no trabalho. **Revista Eletrônica de Administração e Turismo,** Porto Alegre, v. 12, n. 6, p. 1563-1583, jan./junho 2018.

DUMAZEDIER, Jofre. **Lazer e cultura popular:** Debates, São Paulo: Perspectiva, 1976.

DWECK, Carol S. Mindset: a nova psicologia do sucesso. 1.reimp. Rio de Janeiro: Objetiva, 2017.

ELLIS, Albert. **Liderança executiva:** uma proposta racional. Rio de Janeiro: Record, 1972.

EPICTETO. **A arte de viver:** uma nova interpretação de Sharon Lebell. Rio de Janeiro: Sextante, 2006.

FABRY, Joseph B. **A busca do significado:** Viktor Frankl – logoterapia e vida. São Paulo: ECE, 1984.

FRAGA, Érica. Crise no emprego eleva em 1,4 mi consultas psiquiátricas. **Folha de S. Paulo,** São Paulo, 25.nov.2018. Seção Mercado.

FRANÇA, Núbia Maciel; RAHM, Haroldo J. **Relaxe... e viva feliz.** 11.ed. São Paulo: Edições Loyola, 1992.

GADANHO, Tatiana Filipa Proença. **Relação entre estratégias de *coping* e resiliência após a vivência de um acontecimento potencialmente traumático.** 2014. Dissertação (Mestrado Integrado em Psicologia) – Faculdade de Psicologia, Universidade de Lisboa, Lisboa, 2014.

GOLDONI, Augusto. **Estresse**: como transformar esse terrível inimigo em aliado. 1ª reimp. São Paulo: Paulinas, 2016.

GOLEMAN, Daniel. **Inteligência emocional.** 8.ed. Rio de Janeiro: Objetiva, s.d.

HERNANDEZ, José Mauro da Costa; CALDAS, Miguel P. Resistência à mudança: uma revisão crítica. **RAE-Revista de Administração de Empresas**. São Paulo, v. 41, n. 2, p. 31-45, abr./jun. 2001.

IOANNOU, Roberto Hristos. **Mentes estressadas:** *bullying, burnout, cyberbulling,* depressão: reflexos da vida moderna.

JIMENEZ, Augusto. In: Atenção plena. **Segredos da mente.** Ano1, n. 1, 2017.

JUSTO, Henrique. **Carl Rogers:** teoria da personalidade; aprendizagem centrada no aluno. 3.ed. Porto Alegre: Livraria S. Antônio, 1976.

KAREEMI. **Viva com leveza:** e liberte-se do estresse, da ansiedade e da insegurança. São Paulo: Editora Gente, 2018.

LAZARUS, R. S.; FOLKMAN, S. **Stress, apraisal and coping.** New York: Springer Publishing Company, 1984.

LAZARUS, Arnold A.; LAZARUS, Clifford N. **De bem com a vida**: dicas para se livrar do estresse e da ansiedade e adotar uma maneira de pensar mais positiva. Rio de Janeiro: Sextante, 2008.

LIPP, Marilda Novaes. **Mecanismos neuropsicofisiológicos do stress:** teoria e aplicações clínicas. São Paulo: Casa do Psicólogo, 2003.

_____. **O percurso do stress:** suas etapas. São Paulo: Instituto de Psicologia e Controle do Stress / Centro Psicológico de Controle do Stress, 2013. Disponível em: <http://www.estresse.com.br/publicacoes/o-percurso-do-stress-suas-etapas/>. Acesso em: 26.jul.2018.

_____. *Stress* e suas implicações. **Estudos de Psicologia**, v. 1, n. 3/4, p. 5-19, 1984.

LIPP, Marilda Novaes; NOVAES, Lúcia Emmanuel. **O stress.** São Paulo: Contexto, 2000.

LOURES, Débora et al. Estresse mental e sistema cardiovascular. **Arquivos Brasileiros de Cardiologia.** São Paulo, v. 78, n. 5, mai. 2002.

MARINHO, Bertani. **O mestre e o aprendiz:** transformando vidas, conquistando clientes. São Paulo: Magnitudde, 2014.

_____. **Enriquecendo o atendimento ao cliente com a inteligência emocional.** São Paulo: Apostila de Workshop, 2014-a.

MARTI, Rosa. **Contribuição ao estudo da depressão** – uma visão genérica e de sua influência sobre outros processos: físicos, mentais e emocionais. São Paulo: Companhia Editora Nacional, 1989.

MAY, Rollo. **O significado de ansiedade:** as causas da integração e desintegração da personalidade. Rio de Janeiro: Zahar, 1980.

MIELNIK, Isaac. **Dicionário de termos psiquiátricos.** São Paulo: Roca, 1987.

MORENO, Ricardo. **Depressão:** doença que precisa de tratamento. Entrevistado por Dráuzio Varella. Disponível em: <https://drauziovarella.uol.com.br/entrevistas-2/depressao-doenca-que-precida-de-tratamento/>. Acesso em: 21.jul.2018.

MURPHY, Joseph. **A força do poder cósmico do subconsciente.** 21.ed. Rio de Janeiro: Nova Era, 2002.

O'CONNOR, Joseph; SEYMUR, John. **Introdução à programação neurolinguística:** como entender e influenciar as pessoas. São Paulo: Summus Editorial, 1990, 1995.

PADOVANI, Martin H. **Curando as emoções feridas:** vencendo os males da vida. 11.reimp. São Paulo: Paulus, 2014.

PARONI FILHO, Cid. **A essência da homeopatia:** uma visão humana da medicina. São Paulo: Ciclo Editora, 2010.

PASQUIER, Michel. **Vocabulário de psiquiatria:** mil palavras-chave para a saúde mental. São Paulo: Organização Andrei Editora, 1998.

PERALVA, Martins. **Mensageiros do bem.** Belo Horizonte: UEM, 1988.

PIRES, J. Herculano. **O espírito e o tempo.** 4.ed. São Paulo: EDICEL, 1982.

PIRES, Wanderley Ribeiro. **Qualidade de Vida.** 7.ed. Campinas, SP: Komedi, 2001.

POWELL, John. **Para viver em plenitude:** uma nova vida através de uma nova visão. 2.ed. Belo Horizonte: Crescer, 1989.

REIKDAL, Marlon. **Cultivo das emoções:** um caminho para a transformação moral. Santo André, SP: EBM Editora, 2015.

RIZZINI, Carlos Toledo. **Evolução para o terceiro milênio:** tratado psíquico para o homem moderno. 11.ed. Sobradinho, DF: EDICEL, 1994.

ROMERO, Emílio. **O inquilino do imaginário:** formas de alienação e psicopatologia. **São Paulo: Lemos Editorial, 1994.**

SANDOR, Pethö e outros. **Técnicas de relaxamento. São Paulo: Vetor, 1974.**

SCHUBERT, Suely Caldas. **Os poderes da mente.** São Paulo: Bezerra de Menezes, 2003.

_____. **Mentes interconectadas e a lei da atração.** Santo André, SP: EBM Editora, 2010.

_____. **Transtornos mentais.** Catanduva, SP: InterVidas, 2012.

SCHULTZ, Johannes Heinrich. **Caderno de exercícios para O Treinamento Autógeno.** São Paulo: Mestre Jou, 1967.

SELYE, Hans. **Tensión sin angústia.** Madrid: Ediciones Guadarrama, 1975.

SERRA, Floriano. **A terceira inteligência.** São Paulo: Butterfly, 2004.

SOCIEDADE BRASILEIRA DE INTELIGÊNCIA EMOCIONAL-SBIE. **Afinal, o que é Inteligência Emocional?** Disponível em: <http://www.sbie.com.br/blog/afinal-o-que-e-inteligencia-emocional/>. Acesso em: 03.set.2018.

TREVISAN, Lauro. **Você consegue.** 3.ed. Santa Maria, RS: Editora da Mente, 2014.

TRINE, Ralph Waldo. **Em harmonia com o infinito.** São Paulo: Pensamento, s.d.

URURAHY, Gilberto; ALBERT, Éric. **O cérebro emocional:** as emoções e o estresse do cotidiano. Rio de Janeiro: Rocco, 2005.

VIEIRA, Paulo. **O poder da ação:** faça sua vida ideal sair do papel. São Paulo: Editora Gente, 2015.

WEISENGER, Hendrie D. **Inteligência Emocional no Trabalho:** como aplicar os conceitos revolucionários da I.E nas relações profissionais, reduzindo o estresse, aumentando sua satisfação, eficiência e competitividade. Rio de Janeiro, Objetiva, 2001.

ZIMPEL, Rogério R. **Aprendendo a lidar com o estresse.** São Leopoldo, RS: Sinodal, 2005.

ZOHAR, Danah; MARSHALL, Ian. **QS:** inteligência espiritual. Rio de Janeiro: Record, 2000.